KB260741

즐거운 소풍

즐거운 소풍

버스 타고 전철 타고 아이랑 함께 가는 서울의 예쁜 절집 20

글 | 이경애
사진 | 하지권

초판1쇄 인쇄 | 2006년 4월 25일
초판1쇄 발행 | 2006년 4월 28일

펴낸이 | 박효열
펴낸곳 | 대숲바람
주소 | 411-767 경기도 고양시 일산구 덕이동 676-1
전화 | 031)923-7041
팩스 | 031)921-7052
E-mail | dsbaram@naver.com
등록 | 제101-90-40679

ISBN 89-954305-4-0 03980

값은 뒤표지에 있습니다.

즐거운 소풍

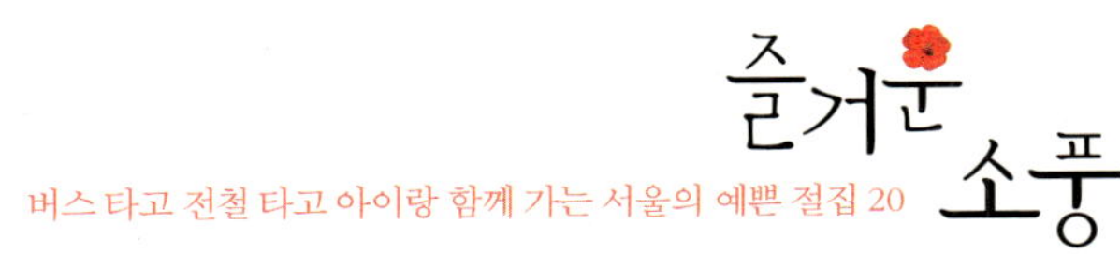

이경애 글 | 하지권 사진

대숲바람

온가족이 작은 행복을 찾아 산책하듯 떠나는

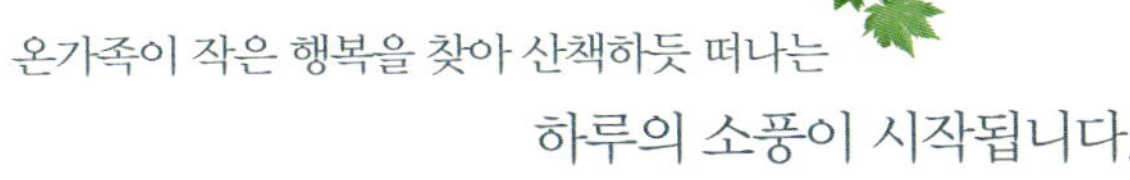

하루의 소풍이 시작됩니다.

산책하듯 다녀오는 절집 소풍

나의 동네 꼬마친구들과의 절집 소풍은 정말 우연하게 시작됐다.

지난해 1월 어느 날 동대문에 숨어 있던 보물 절집 하나가 사찰박물관으로 지정, 한국미술박물관 별관으로 일반에 공개된다는 뉴스를 접했다. 북촌에서 생활사박물관을 운영하고 있는 나는 동종업자로서 당연히 관심이 동하고 있던 중에 마침 동네 꼬마친구들이 방학 숙제를 하러 우리 박물관으로 우르르 몰려왔다. 그래 절집 자체가 온통 문화재로 채워진 사찰박물관은 초등학생들에게도 좋은 공부가 될 듯 싶어 권했더니 모두들 좋아라고 따라나섰다. 말하자면 나의 박물관 단골고객들에 대한 사은선물이자 꼬마들을 위한 방학 숙제의 연장이었던 것이다. 그날 우리의 절집 견학은 아이들의 표현대로 정말 재미있고 멋진 소풍으로 끝났다. 그리고는 자연스레 다음 소풍을 기약하게 되었다. 우리의 서울 절집 순례는 그렇게 시작됐다. 더러는 단 한 명의 꼬마친구와 오붓하게, 더러는 부모들까지 대동하는 단체 소풍으로, 그리고 어떤 때는 순전히 자연 속에 뛰놀고 싶어하는 꼬마친구들의 성화에 못 이겨, 짬이 날 때마다 이곳저곳에 숨어 있는 서울 절집들을 돌아보게 된 것이다.

그런데 뜻밖에도 그 재미가 쏠쏠했다. 북한산과 관악산을 비롯한 서울의 4대 명산은 말할 것도 없고, 번잡하기 짝이 없는 강남의 한가운데에서부터 동작동 국립현충원과 같은 외돌아진 곳까지 얼마나 예쁜 절집들이 많이 숨어 있던지, 마치 보물 찾기를 하는 것 같았다.

참으로 의외로운 수확이었다. 그런데 무엇보다도 내가 놀란 것은 우리 사찰 문화에 대한 꼬마친구들의 높은 관심이었다. 당연히 사찰 문화가 우리 전통과 직결돼 있기 때문이겠지만, 아이들은 종교를 떠나 절집 안의 모든 것을 '소중한 우리 전통의 것'으로 먼저 인식하고 있었다. 또한 주변의 자연 환경을 잘 보존해온 불교의 자연친화적인 모습에도 관심이 많았다.

이러한 아이들과의 동행은 어른인 나에게도 대단히 즐겁고 유익한 놀이였고, 인솔의 보람이 큰 소중한 경험이었다. 그래서 나는 짬이 날 때마다 동네 꼬마들을 불러놓고 또 다른 절집의 소풍 계획을 짜느라 신이 났다. 빠듯한 일상에 묶여 있는 나에게 오히려 더 기다려지는 소풍이었던 것이다.

이 책은 바로 그러한, 우리의 매우 특별한 소풍의 기록이다. 서너 시간 산책하듯 간단하게 다녀온 곳이 있는가 하면, 도시락 준비해서 아침부터 저녁까지 톡톡히 즐기다 온 절집도 있다. 만만찮은 등반으로 땀을 흘리기도 했고, 황홀한 꽃놀이도 있었다. 서울 시내를 벗어나지 않고도 그렇게 변화무쌍한 자연 풍광을 만끽할 수 있음에 절로 경탄이 나왔다.

이 책은 그렇게 다녀본 절집 중 아이들이 좋아했던 20곳을 묶은 것이다. 절집을 주재主材로 하고 있지만 오직 아이들과 함께하는 소풍 장소로서의 절집 안내에 더 신경을 썼다.

다들 멋진 휴식을 찾아 저 멀리 떠나 버린 주말, 가벼운 마음으로 온 가족이 전철을 타거나 혹은 시내버스를 타고 떠나보자. 그 교통 수단이 끝나는 지점에서 불과 20~30여 분만 느긋하게 걸어가면 여느 심산유곡 못지않은 풍광 예쁜 절집들을 수도 없이 만날 수 있다. 바로 그 예쁜 절집들을 선사한 기특한 곳이 우리가 살고 있는 서울특별시다!

그리고 어렵지 않게 찾아낸 그 절집들로부터 우리는 기대 이상의 귀한 선물을 받을 수 있을 것이다. 황홀하게 핀 봄꽃들, 마음을 씻어주는 청량한 공기, 오롯하게 보존된 초록 풍경, 정신을 울려주는 낭랑한 독경소리, 추억 속의 빨간 단풍잎, 계곡의 시린 물소리, 빠안하게 마주친 청설모의 작은 눈동자, 또는 마음 가볍게 얻어먹는 절집의 소박한 밥상들… 절집마다 가히 서울이 아름답다 할 만한 요소들을 저만큼씩 지니고 있음을 깨닫게 될 것이다.

특히 이 책이 주 5일 근무 시대를 맞아놓고도 아이들을 위한 특별 행사 마련에 쉬이 엄두를 못내고 있는, 젊은 맞벌이 부부들에게 요긴하게 쓰였으면 좋겠다.

끝으로 책이 완성되는 데에 따뜻함과 자상함과 치밀함, 걱정과 격정을 쏟아부어준 사진 작가와 기획편집자에게 고개 숙여 감사의 마음을 전하며, 사찰 음식 조리법을 응용한 퓨전 채식 도시락으로 소풍의 즐거움을 한층 높여주신 대안 스님의 은혜에도 깊은 감사의 인사를 올린다.

병술년의 좋은 봄날, 서울 북촌에서
이 경 애

뜻밖의 귀한 선물

길을 걷다보니 어느덧 도심 속 아스팔트길이 사라지고 흙길이 시작된다. 소나무 숲길을 걷기도 하고, 때로는 고요한 산길을 오르기도 한다. 솔 향기를 맡고, 흐르는 땀은 순간 시원스레 불어온 바람이 닦아준다.

지금 내가 향하는 곳은 도심과 멀지 않은 북한산, 도봉산, 수락산, 불암산 등 주변의 작은 사찰들이다. 20~30여 분 만에 닿는 절도 있고, 1시간 정도 산을 올라야 닿는 절도 있다. 그렇게 찾아간 산사에는 도심 속 소음은 꺼지고 절 마당에선 바람 따라 흐르는 풍경소리가 헤엄치고 노는 듯 자유롭기만 하다. 약숫물 한 모금으로 숨을 고르고 카메라를 들고 이곳저곳을 기웃거리다 보면 어느새 나도 자유인이 되어 있다.

서울에도 이런 곳이 있다니! 참 좋다! 감탄사를 터트리며 산 정상에서 바라본 서울의 전경은 너무나 아름답다. 그리고 절에서 내놓은 소박한 공양 한 그릇은 따뜻함을 전해주기에 충분하다. 서울 인근 사찰들을 중심으로 떠난 소풍은 도심을 벗어나기도 하고, 때론 도심 깊이 들어가기도 하면서 서울의 아름다움을 새롭게 느끼는 작업이었다.

맨 처음 《즐거운 소풍》 작업을 기획자로부터 제안받았을 때, 사실 큰 기대를 한 것은 아니었다. 왜냐하면 사찰 문화에 끌려 지방의 크고 작은 사찰들을 다닐 만큼 다녀보았기 때문이다.

그러나 기대 이상의 아름다운 세계가 기다리고 있었다. 나의 섣부른 생각이 무척이나 부끄러웠다. 카메라를 들고 떠난 서울의 절집 소풍은 내게 있어 너무나 뜻밖의 귀한 선물이었고, 나의 사진 미학을 크게 변화시키고 성숙시키는 좋은 시간이었던 것이다.

끝으로 이 책을 만들면서 곁에서 항상 격려해주신 글 작가 이경애 선생님과 기획편집자 박효열 선생님, 그리고 진정으로 소박한 자연의 맛을 담은 음식을 소개해주신 대안 스님께 감사드린다.

2006년 4월

하지권

|차 례|

예쁜 공원 같은 절집

맑고 향기로운 선물

깊고 깊은 궁궐, 소화라는 이름의 아리따운 궁녀가 하룻밤 애틋한 성은을 입게 되었다. 그러나 그뿐, 서슬 퍼런 후궁들의 계략과 모함으로 임금은 그녀를 까맣게 잊어 버린다. 힘없고 착하기만 한 소화는 겨우 후궁의 이름 하나 얻었을 뿐, 깊고 깊은 궁궐 한 구석에 외돌토리 신세로 오로지 임금이 찾아주기만을 기다리고 기다리면서 애절한 마음을 고이고 또 고이었다. 고인 마음이 흐르지 못하면 정신에도 종기가 생기는 법, 소화는 끝내 그리움의 병이 깊어 죽고 말았다.

이듬해 6월, 그녀의 능에서 아름다운 꽃이 피어나니 사람들은 그 꽃을 능소화라 불렀다. 권력의 틈바구니에서 오직 사랑만을 그리다 죽은 후궁, 그녀의 넋은 처음에 땅 위로 번져나가는 덩굴꽃으로 피었다. 하지만 꽃으로 피어났어도 그녀는 임금을 사모하는 정을 버리지 못했다. 능소화는 곁의 소나무에게 애원했다. 제발 좀 타고 올라가 멀리서나마 임금 계신 궁궐을 바라볼 수 있게 해달라고.

소나무는 그녀의 가여운 사연을 듣고 원을 들어주었다. 능소화는 조심조심 소나무를 타고 올라가 멀고 먼 궁궐을 향하여 꽃잎을 활짝 열었다. 그리움이 응축될 대로 응축되면 그런 색이 된다는 듯, 관능과 유혹의 황분홍색 꽃송이를 여름 한 철 내내 피우고 또 피웠다. 하지만 고마운 소나무에게는 조금의 해도 끼치지 않았다. 옥죄지도 않고 친친 동여매지도 않으면서 솔가지 끝마다 너울너울 매달려 오로지 궁궐바라기만 했다.

능소화의 매혹에 빠진 사람들이 너도나도 꽃을 얻으려고 몰려들었다. 하지만 넋일지언정 성은을 입은 몸이 아니던가. 능소화는 기품과 정절을 잃지 않으려고 꽃가루에 눈병을 유발하는 갈고리를 만들어 사람들을 멀리했다. 그리움의 꽃, 능소화는 오직 임금을 향해 피운 꽃이었던 것이다.

능소화 오솔길

관능과 상생의 꽃 능소화가 있는 절집, 길상사 후원 언덕의 오솔길은 간간 사람들이 지나가고 있음에도 호젓함을 느끼게 한다. 지난 여름, 사람들의 마음을 그리도 설레게 했던 돌담의 능소화는 이제 줄기들만 남았다. 이 길은 대원각 시절부터 소문난 능소화 꽃길이다. 능소화가 피는 6월부터 8월까지, 고혹적인 황분홍색 꽃송이들이 온통 돌담을 뒤덮는 장

그리움이 응축될 대로 응축되면 그런 색이 된다는 듯,
관능과 유혹의 황분홍색 꽃송이를 여름 한 철 내내 피우고 또 피웠다.

관을 보려고 일부러 찾아오는 마니아들까지 있다.

나 역시 길상사 능소화 팬이다. 흰색 꽃만 좋아하는 내가 유일하게 좋아하는 유색 꽃이 바로 능소화이고, 그래서 여름 길상사를 자주 찾는다. 능소화는 피는 모습, 피어 있는 모습, 지는 모습, 세 과정이 모두 고혹적인 데다 품고 있는 전설까지 애절하고 아름답다. 그래서 길상사에만 오면 나는 계절에 상관없이 같이 온 사람에게 능소화를 예찬하는 것이 습관이 돼 버렸다.

능소화는 절대로 시든 모습을 보이지 않는다. 도도하고 기품 있는 관능으로 한껏 치장을 했다가 가장 고혹적인 모습일 때 그대로 툭, 대궁에서 떨어진다. 그렇게 여름 한 철 내내 새 꽃송이를 피워낸다. 그러면서도 아무도 옆에 오지 못하게 눈병 생기는 꽃가루를 날려 보낸다. 또한 능소화는 '상생의 꽃나무' 다. 덩굴식물들은 보통 다른 나무를 기어오르면서 그 나무의 성장을 방해할 수밖에 없는데 능소화는 전혀 그렇지가 않다. 죽어가는 고목 밑에 덩굴을 올리면 오히려 그 나무를 되살려 함께 생장하는 식물이 능소화다.

이런 특질들이 능소화의 전설을 더욱 믿게 만들었겠지만, 아무려나 그 피는 데가 요정(관능의 꽃)이어도 어울리고 절집(상생의 꽃)이어도 어울리는 이런 묘한 꽃이 또 있을까. 대원각이 길상사로 변한 인연이 결코 가벼운 것이 아님을 다시금 헤아려보게 만든다, 이 능소화 오솔길은.

참 아름답고 귀한 선물

오솔길 끝에서 지영이가 배시시 웃는다. 좀 어려웠나? 하지만 상생의 꽃에 대한 이야기라면 어렵더라도 자주 들어 익혀놓는 것이 좋으리라. 나의 '깊은 뜻'을 알아챘는지, 꼬마친구는 갑자기 손가락을 내밀며 '능소화가 피었을 때 꼭 다시 오자'고 약속을 청해온다. 우리는 약속에 도장 찍고 사인하고 복사하여 코팅까지, 야무진 마무리를 했다. 오늘은 꼬마 지영이와 단둘이서 오붓하게 즐기는 가을 소풍이니까.

절집 안은 온통 가을 햇살로 눈부시다. 바로 담 저쪽이 속세이건만 길상사의 가을은 깊은 산사 못지않게 고요하고 청량하다. 그 청량한 가을 속으로 나의 꼬마친구가 쫄랑쫄랑 걸어간다. 우리는 벌써 두번째 느티나무 아래로 가 예쁜 이파리 하나를 주워든다. 나도 그 옆에 나란히 앉아본다. 한순간 몸과 정신이 오스스해질 정도로 눈앞의 정경이 아름답다. 나무도 계곡도 건물도, 풍기는 기운들이 한없이 맑고 깨끗하다. 풍성하면서도 절제돼 있고, 넉넉하면서도 단정하다. 언제나 느끼는 것이지만, 길상사는 서울 시민에게 있어 참 아름답고 귀한 선물이다. 또한 심오한(?) 선물이다. 한때 대원각이라는 이름의 거창한 요정이었던 이곳을 이리도 맑고 향기로운 절집으로 바꾸어놓은 김영한 할머니와 법정 스님. 두 분의 고귀한 정신과 인연을 다시금 짚어보며 삶에 대해 인연에 대해 깊은 성찰을 하게 만드는 곳, 길상사는 그런 절집이다.

"참 이쁘다, 근데 이 사람은 누굴 만든 거예요?"

지영이가 눈부시게 흰 화강암 조각상 앞에서 고개를 갸웃거리고 섰다. 아까는 못 보았다가 이제사 눈에 들어온 모양이다. 사실은 그 때문에 부러 이 앞을 더 천천히 걸었는데 잘됐다. 열린 불교를 지향하는 길상사의 상징적인 조형물 관세음보살 석상, 누구에게나, 특히 꼬마친구들에게 나는 이 석상의 의미를 가르쳐주고 싶어한다.

"근데요, 꼭 마리아님 같아요."

성당엔 가보았지만 절집은 처음이니 지영이가 잘 보았다. 새하얀 백의에 고운 눈길, 가녀린 몸매, 동그스름한 얼굴선이 누가 봐도 성모마리아를 연상시킨다. 이 현대적인 관세음보살상은 천주교 신자인 조각가 최종태 씨가 불모(佛母: 불상을 그리거나 만드는 사람)를 자청해 세간의 화제가 되었던 바로 그 작품이다. 나는 지영이가 알아듣건 못 알아듣건 열심히 설명한다. 절집 안에 서 있는, 성모마리아를 닮은 이 관세음보살의 얼굴이야말로 진정한 화해와 포용의 모습 아니겠냐고.

침묵의 집

운치 있는 반야당을 지나 능인당 옆 열려 있는 나무문을 열고 들어가니 정적만이 가득하다. 스님들의 수행을 방해하지 않으면서 호젓하게 쉴 수 있는 장소가 너무도 많은 길상사 안에서도 이곳은 더욱 호젓함을 즐길 수 있는 자연 숲이다. 그 깊은 정적이 낯설어서인지 나의 꼬마친구는 저 혼자 쪼르르 길상선원 앞마당으로 달려간다. 나는 얼른 뒤따라가 꼬마의 걸음에 주의를 주었다.

이곳 선원은 시민들을 위해 문을 활짝 열어놓은 선방이기 때문에 조용히만 한다면 누구나 가까이 지나다닐 수 있고, 원한다면 참선 수행을 할 수도 있다. 하지만 절집 손님으로서 갖춰야 할 예의와 법도는 지켜야 한다. 배려는 쌍방일 때 더 오래 지속되는 미덕이니까.

나의 주의에 꼬마친구는 이제 가만가만 발걸음을 옮긴다. 나처럼 잠깐 다녀가는 사람들이 자유롭게 이용할 수 있는 '침묵의 집'까지 그 걸음새로 걷고 있다. 침묵의 집은 어떤 얽매임도 없이 5분이든 10분이든 자기가 원하는 만큼만 고요하게 앉아 있거나 명상음악을 듣다가 나오면 되는 곳이다. 상운이 팀과 왔다면 당연히 안으로 들어가 '명상놀이'를 했을 테지만 오늘은 왕초보 지영이를 위해 야생화 꽃밭을 둘러봐야겠다.

마음먹고 살펴보니 길상사 경내엔 우리나라 야생화가 거의 다 모여 있는 것 같다. 곰취, 노루귀, 동자꽃, 백색금낭화, 자주달개비, 수선화, 개양귀비, 창포, 긴병풀꽃, 바위취, 개미취에다 그 귀한 '쪽'까지 있다. 꽃을 심은 스님께서 친절하게 이름표까지 일일이 달아놓아 지영이에겐 유익한 자연 공부가 됐다.

성모마리아를 닮은 관세음보살 석상. 매우 특별한 아름다움을 지닌 미술 작품이자
의미 있는 성상이다.

고요한 표정이 마치 선정삼매에 든 부처님 같다. 바라보면 볼수록 마음이
한없이 평온해져 온다.

김영한 할머니

　길상사 경내에서 가장 깊은 곳, 계곡의 가을은 아직 녹색이다. 이곳은 한여름에도 서늘한 한기가 느껴질 정도로 물과 숲이 깊다. 그 깊은 골짜기 저편으로 외나무다리 같은 작은 다리들이 이어져 있고, 그 끝에 달려 있는 스님들의 수행 처소가 새집처럼 아슬하다. 예전 대원각 시절 밀실로 쓰였던 통나무집 그대로다. 한때 욕망으로 출렁거렸던 장소가 그 욕망을 비우고 수행의 장소로 바뀌었다는 것, 얼마나 멋지고 신선한 일인가!

　다시 찬찬히 둘러보는 이곳, 유흥의 장소로건 수행의 장소로건 천혜의 자연 경관이 아닐 수 없다. 자연적 조건에다 인공적 조형을 알맞게 가미하여 한때는 유흥장으로 썼고, 그것을 고스란히 절집으로 다시 써도 전혀 어색함이 없는 탁월한 안목이 놀랍기만 하다.

　그 특별한 정신의 주인공 김영한 할머니의 시주공덕비가 다리 저쪽에 조촐하게 서 있다. 천재 시인 백석의 연인이었던 사람, 우리나라 최고급 요정을 운영했고, 1천억 원대의 그 요정 재산을 일면식도 없는 법정 스님에게 시주하여 향기로운 절집으로 바꾸어놓은 사람, 이제 그 절집의 일부가 되어 길상화라는 불명佛名으로 남아 있는 그분의 고귀한 선물 앞에 자꾸만 생각이 깊어진다. 절집을 나서려는데 나의 꼬마친구가 또 손도장을 찍어댄다. 다음에도 꼭, 꼭, 함께 오자고. 무척이도 마음에 들었나 보다.

● 찾아가는 길

대중교통편 지하철 4호선 한성대입구역 6번 출구로 나와 진학서점 옆 동원마트 앞에서 길상사 봉
고차 이용(봉고차는 시간대 별로 한 차례 이상 왕복하고 있음).
자동차편 삼선교에서 성북동길로 진입, 선잠단지 방향으로 우회전하고, 다시 길상사 팻말을 따라
좌회전하여 조금 올라가면 일주문이 보인다. 경내에 주차장이 있다. 삼청동길을 이용할 경우, 삼청
터널을 지나 조금 더 진행하면 오른쪽에 길상사 팻말이 나온다.

● 길상사에서 살펴볼 것들

관세음보살 석상 천주교 신자인 조각가 최종태 씨가 불모佛母를 자청해 세간의 화제가 되었던 작품.
통나무 오두막집이 있는 계곡 서울 시내라고는 믿기지 않을 정도로 숲과 물이 깊고 맑다.
야생화 꽃밭 한국의 야생화를 거의 다 볼 수 있게 각 전각마다 종류별로 심어놓았다.
능소화 오솔길 6월말경부터 8월말까지, 길상사가 주는 또 하나의 아름다운 선물이다.

● 주변의 즐길거리

성북동길 길상사 주변 고급주택가는 한적하고 경관이 좋아 산책하기 좋다.
간송미술관 국보급 수준의 작품들을 소장하고 있는 사설미술관. 매년 5월과 10월에 2주씩 실시하
고 있는 소장문화재 개방 전시에 맞춰 가면 수준 높은 미술품들을 감상할 수 있다. 길상사 앞에서 10
분 거리로 성북초교 부근에 위치. 전화 02-762-0442
한국가구박물관 사설박물관으로 우리나라 전통 목가구를 종류별, 재료별, 지역별로 분류·전시하
고 있다. 길상사 앞에서 5분 거리(아래 삼거리에 팻말 있음), 관람료 없음. 전화 02-766-0168

● 문의

길상사 서울시 성북구 성북2동 323번지 | 전화 02-741-4696-7

하늘공원으로의 초대

　서울 시내에서 아이들 데리고 가보아야 할 딱 한 곳, 누가 그곳을 물어오면 나는 주저없이 하늘공원을 꼽는다. 수양벚꽃 휘늘어진 봄의 꽃 대궐, 눈부신 녹음 속으로 뻗어 있는 깨끗한 산책로, 꽃철보다 더 아름다운 단풍 숲, 고요한 겨울의 정감 어린 설경… 그 어느 계절에 찾아가도 하늘공원 풍경은 눈물겹도록 아름답다. 그 자체로서 뜻 깊은 선물이 되어주는 곳이다.

　여의도의 일곱 배나 되는 너른 터에 종류를 셀 수 없을 만큼 많은 나무와 잔디밭과 저수지와 연못이 있고, 이 모든 것을 포근하게 싸안고 있는 뒷산엔 오래된 절집도 있다. 숲에는 다람쥐와 청설모가 놀고, 오색딱따구리와 청딱따구리, 천연기념물인 붉은배새매까지 살고 있다. 그만큼 사람들의 발길이 드물다는 얘기다.

그뿐인가, 공원 입구에는 널찍한 주차장도 있고 영화 상영관도 있고 전시관도 있다. 웅장한 분수대를 지나, 갈래갈래 뻗어 있는 산책로엔 곳곳마다 아늑한 쉼터가 숨어 있다. 수석동산도 있고, 조류동물원도 있다. 하루 해가 모자랄 정도로 볼거리들이 많다. 그러면서도 깊이 생각하게 한다. 겸허히 나를 돌아보게 되고, 살아 있음을 감사하게 된다.

이 특별한 소풍 장소에 입장료는 없다. 정문을 지키는 이들이 깍듯한 경례로써 맞이하는 것을 보면 누구라도 찾아와주기를 오히려 반기는 눈치다. 가족 나들이하기에 이보다 더 좋은 곳이 있겠는가. 그런데 이런 곳이 분명 서울 한복판에 있다. 선입견만 버리면 언제라도 갈 수 있는 아주 가까운 곳에.

수양벚꽃 대궐

나의 자랑에 북촌 엄마들이 더 적극적으로 소풍 날짜를 잡았다. 세 집 모두 솜씨를 부려 도시락까지 준비했단다. 빠듯한 일상, 큰 품 들이지 않아도 되는 아이들과의 꽃 구경에 모두들 마음이 들떴다. 수양벚꽃, 언제 이름이나 들어보았던가. 지상에 꾸며놓은 하늘공원도 궁금하긴 마찬가지. 절집으로 가는 내내 엄마들은 달뜬 속내를 숨기지 않는다. 정말 거기가 소풍을 갈 만한 데일까. 하지만 걱정 마시라, 하늘공원 소풍에서 이제껏 실망하는 사람은 보지 못했으니까. 더욱이 지금은 수양벚꽃 만개한 계절 아닌가.

하늘공원은 동작동 국립현충원의 다른 이름이다. 누가 지었는지 모르지만 현충원 산책을 즐기는 사람들은 그렇게 부른다. 그런데 그 이름이 얼마나 잘 어울리는 이름인지 한 번이라도 현충원을 가본 사람은 모두 고개를 끄떡인다. 10만 명이 넘는 호국영령들이 잠들어 있는 곳임을 상징하는 것이든, 천국처럼 아름다운 곳임을 비유하는 것이든, 하늘공원은 정말 잘 지은 이름이다.

4월의 하늘공원은 눈이 부셔 눈물이 날 정도로 화사하다. 정문에서 현충탑까지, 송이송이 휘늘어진 수양벚꽃이 말 그대로 꽃 대궐을 이루고 있다. 이런 장관이 없다. 며칠 전부터 관리소에 전화를 걸어 벚꽃 소식 물어놓기를 잘했다. 상상 밖의 공원 풍경에 엄마들도 꼬마친구들도 감탄사를 연발한다. 정문에서 헌병한테 깍듯한 거수경례를 받은 감동도 아직 가시지 않았는데… 모두들 차창 밖에 펼쳐지는 황홀경에 말문들이 막혔다. 어느 한 곳, 가슴 뭉클하고 눈길 애잔해지지 않은 정경이 없다. 이렇게 아름답고 교육적인 곳을 왜 진작 와볼 생각을 못했을까. 수연이 엄마의 말에 모두들 맞장구를 치며 내게 고맙단 말을 거듭한다. 언제나 그렇지만 호국지장사 가는 길은 나에게도 특별하다.

일단 절집부터 갔다가 본격적인 하늘공원 산책을 하기로 했는데, 수연이 엄마가 더디 몰던 차를 결국은 세우고 만다. 무명용사들의 탑 앞이다.

다른 덴 몰라도 이곳만은 나중에 오면 안 될 것 같아서란다. 눈부시게 흰 탑 앞에서 묵념을 올리고 있는 다른 소풍객들을 보았음이다. 모두들 맞는 말이라고, 수연이 희경이 다훈이와 다정이를 앞세우고 우리도 함께 묵념을 올렸다. 뜻밖의 행사에 모두들 숙연해졌다. 꽃 향기 흩날리는 이 달콤한 봄날, 국군은 연둣빛 잔디밭에 고이 잠들었고, 우리는 그 묘비들을 보고 있다. 그 아름다운 영령들을 위해 마련한 이곳으로 꽃 구경을 나온 우리, 어찌 겸허해지지 않겠는가. 숙연하면서도 왠지 마음 한켠은 뿌듯하다. 성찰의 시간이란 이런 것이다.

큰스님의 원력

이제 절집으로 올라가는 사잇길이 보인다. 호국지장사는 서편 묘역 북쪽 끝 서달산 중턱에 있다. 같은 하늘공원 안인데도 절 팻말이 붙어 있는 지점에서부터는 제법 산골 냄새가 난다. 정문에서 도보로 40여 분이나 걸리는 외돌아진 곳이다.

지장사는 신라 도선 국사가 창건한 고찰이다. 고려 공민왕 때 보인 대사가 다시 중창을 했고, 조선 선조 때는 왕실의 원찰로 선조의 생조모인 창빈 안씨의 제례를 모셨다. 소년시절의 오성과 한음이 공부하며 장난치며 유명한 일화들을 남겨놓은 바로 그 절이다. 하지만 수차례의 전화戰禍를 겪으면서 본래의 웅자는 모두 훼손되고, 지금은 아담한 규모의 전각 몇 채만 남아 있다. 그나마 1955년에는 정부의 국군묘지 창설 계획에 따라 절집이 송두리째 철거될 위기에 몰린 것을 당시 조계종 총무원장으로 있던 청담 대사가 이를 강력히 제지, 절 이름을 호국지장사로 바꾸어 어렵사리 보존이 되었다.

큰스님의 원력 덕분인지, 지장사는 현재 현충원 안에 있는 유일한 종교 시설이다. 일반에는 잘 알려져 있지 않지만, 현충원에 안장된 호국영령들을 위해 기도하고 제례를 올리는 국가의 원찰이다. 종교를 떠나 대한민국 국민이라면 누구나 한 번쯤은 찾아와 봄직한 절집인 것이다.

어부의 꿈

유명한 약왕보살 약수터에서 땀들을 닦고, 절 마당으로 들어서자 부도 전 감나무 숲에서 때까치들이 반갑게 맞아준다. 대웅전에서는 지금 어느 영령의 천도재를 올리는 중인 듯 요령소리가 장엄하다. 방해가 될까 봐 발소리를 죽이고 좀 떨어진 능인보전으로 일행을 이끌었다. 추녀에서 축담까지, 좌우 벽면이 온통 비둘기 똥으로 칠갑이 된 것을 보고 아이들도 엄마들도 모두 입을 다물지 못한다. 다훈의 표현을 빌리면 똥이 거의 화석 수준이다. 그 화석 위로 방금도 새 똥이 떨어져 더께를 이룬다. 올려다보니 처마 안쪽 틈새마다 아기비둘기들이 웅크리고 있다. 부처님 모신 집에 비둘기 떼가 톡톡히 세를 들었다. 부처님보다 더 높은 방을 차지하고

꽃 향기 흩날리는 달콤한 봄날, 상상 밖의 풍경에 엄마들도 꼬마친구들도
감탄사를 연발한다.

있는 이 불경스런 중생들을 아는지 모르는지, 법당 안 쇠부처님은 빙긋이 미소만 짓고 있다. 중생의 질병을 고쳐주고 수명을 도와주는 약사여래불이다. 고려 초기에 조성된 것으로 확인된 문화재이지만 정작 이 절집에 모셔진 것은 100여 년 전, 한 기특한 어부에 의해서이다.

조선 말기 개화와 쇄국의 정쟁으로 시절이 하 수상하던 때, 한강 동재기나루터에 한 어질고 착한 어부가 살고 있었다. 그는 병든 노모와 어린 자식들을 위해 하루도 쉬지 않고 고기를 잡으러 다녔다. 어느 날, 그물을 던져놓고 잠깐 조는 사이 그는 이상한 꿈을 꾼다. 옷이 다 젖은 노인이 '이제 빛을 볼 때가 되었으니 네가 나를 좀 옮겨달라'며 강물 한 곳을 가리켜주고는 사라졌다. 다음날도 그 다음날도 똑같은 꿈이 계속됐다. 너무나 선연한 꿈이 세 번이나 거듭되자 어부는 용기를 내어 꿈속 노인이 가리켜준 곳을 찾아보기로 했다. 한강에서 살다시피하는 그인지라 금방 그곳을 찾아냈다. 어부는 그곳에서 녹이 슬대로 슨 철불상 하나를 건져올렸고, 꿈에서 들은 대로 양지 바른 서달산의 화장사(지금의 호국지장사)로 모시고 갔다. 그 이후 어부의 노모는 씻은 듯이 병이 나아 천수를 누렸다는 영험 전설이 전해온다.

그 불상이 바로 이곳 능인보전의 약사여래불이다. 물속에서 건져올릴 당시에는 시커멓게 녹이 슨 철불 상태였지만 지금은 금옷을 입혀 옛 모습은 짐작도 할 수 없다. 하지만 고려 초기 철불 특유의 투박한 듯한 조형미는 풍부한 표정 속에 고스란히 살아 있다. 긴 세월 물속에서 마모가 됐음에도 불구하고.

한강이 내려다보이는 장군봉

절집 마당을 돌아나오는데 신록에 반짝이는 햇살이 눈부시다. 서달산은 높지 않은 대신 능선들이 옆으로 완만하게 굽이지는 풍만한 산세를 하고 있다. 현충원 덕분에 삼림 관리가 잘되어 숲이 울창하고, 특히 희귀 활엽수들이 많아 가을엔 단풍축제까지 열린다. 하늘공원, 괜히 지어진 이름이 아니다.

절집에서 가까운 거리에 있는 서편 묘역의 장군봉으로 길을 잡았다. 장군봉으로 가는 솔냇길도 꽃 잔치가 싱그럽다. 장군들의 묘역인 장군봉에 올라가면 하늘공원 느낌이 또 달라진다. 어머니 품처럼 부드럽게 뻗어 있는 서달산 너른 품속에 아름다운 영령들의 마을이 쏘옥 품겨 있고, 그 앞으로 유유한 한강이 흘러간다. 장군봉에서는 이 모든 풍경이 한눈에 굽어보인다. 봄바람에 수양벚꽃 하늘거리는 춤사위까지도.

우리는 솔냇길 끝에 있는 별무리집 정자에서 엄마손 김밥을 맛있게 나눠먹고, 그런 다음 느긋하게 하늘공원 배회를 하기로 만장일치를 보았다. 아름다운 죽음과 삶의 숙연함을 되돌아보는 오늘 소풍은 무조건 다리가 아플 때까지다.

● 찾아가는 길

대중교통편 지하철 4호선 동작역 2, 4번 출구로 나와 시내버스 8, 4, 5297번 이용, 국립현충원 앞에서 하차. 현충원 안에서 팻말을 따라 도보 40분 거리.

자동차편 동작동 현충로를 따라가다 국립현충원 정문에서 위병에게 문의하면 무료 주차장을 안내해준다. 절집까지의 거리가 꽤 되므로 위병에게 길을 안내받아 차를 타고 가는 것이 좋다. 서편 묘역 최북단 지점까지 가면 팻말이 보이고, 우회전하여 조금 올라가면 된다. 절집 앞에 주차장이 있다.

● 호국지장사에서 살펴볼 것들

능인보전 철조약사여래좌상 서울시 유형문화재 제75호. 고려 초기에 조성된 것으로 추정된다.

대웅전아미타회상도 고종 7년에 제작된 조선 후기 불화로 법당 모양에 맞춰 유난히 가로 길이를 길게 그린 것이 특이하다.

부도전 과일나무 부도전의 고목들은 모두 과일나무들이다. 늦가을에 찾아가면 산감나무, 돌감나무, 수리감나무, 돌배나무를 모두 살펴볼 수 있다.

● 주변의 즐길거리

현충원 유물전시관 독립운동, 6·25전쟁, 월남전 등에서 순국한 분들의 사진과 유물, 그리고 전쟁에 사용되었던 탱크와 수륙 양용 탱크, 비행기, 대포 등이 전시되어 있다.

현충관 15명 단체에 한해 영화 관람을 할 수 있다(상영 시간 40분).

현충원 장군 묘역 현충원 안에서 제일 높은 곳으로 전체 묘역과 한강을 시원하게 내려다볼 수 있다.

현충원 안의 산책로 각 묘역 사이로 나 있는 모든 길이 다 운치 있는 산책로이다. 조경이 빼어나고 경사가 완만해서 가벼운 등산을 하는 기분이 든다.

벚꽃길 벚꽃이 만개하는 4월 중순경엔 정문에서 충혼탑까지의 길이 온통 벚꽃으로 뒤덮인다.

서달산 등산로 현충원을 싸안고 있는 서달산은 특별히 경사진 곳이 없고 산행 코스도 짧아 가족끼리 산책하듯 가볍게 완주할 수 있다. 절집 앞에서 바로 이어진다.

● 문의

호국지장사 서울시 동작구 동작동 300번지 | 전화 02-814-5297

관악산 들머리의 꽃절

길맛이라는 것이 있다. 목적지를 향해 나 있는 길을 타박타박 걸어가는 재미 말이다. 시원하게 트인 큰길은 큰길대로, 오롯하게 이어지는 산길은 산길대로 걷는 맛이 다르다. 똑같은 길이라도 계절과 날씨에 따라 다르고, 혼자 혹은 둘일 때의 걷는 맛이 다르다. 둘이라도 어떤 길동무이냐에 따라 그 맛은 또 달라진다. 절집도 좋지만 절집까지 가는 길을 내가 더 좋아하는 이유이다.

관악산의 유서 깊은 절, 관음사 가는 길은 아이들과 함께 걸을 때 제일 맛이 난다. 아니 신이 난다. 무엇보다도 아이들 눈높이에 맞춰 걸을 수 있어서 좋다. 적당한 거리에 적당히 넓고 적당히 경사가 졌다. 절집 바로 앞까지 깨끗하게 포장이 됐지만 차는 드물게 지나다닌다. 가든이나 오리탕집 같은 너절한 '먹자집'들도 없다. 찻길에서 주택가까지는 은행나무 가로수가, 주택가 끝에서 절집까지는 벚나무 가로수가 계절마다 서로 다른 꽃길을 만들고, 다리목에서 절집까지 이어지는 계곡은 모두 누수식 생태 연못으로 꾸며져 있다. 길 주변엔 야생화 화단들이 조성돼 있고, 중간에 아담한 정자 쉼터도 두 군데나 있다. 관음사 가는 길은 단순한 길이 아닌, 생태 공원이다(이를 위해 관악구청에서는 세심한 관리를 하고 있다). 그래서 아이들과 함께 걷는 즐거움이 두 배나 된다.

그렇다고 뭐 거창한 조경이 돼 있는 것은 아니다. 자연 조건을 아주 조금 손을 보아 생태 보전과 자연학습장, 그리고 산책을 겸할 수 있게 해놓았다. 10단계로 나뉜 계곡 연못에는 개구리와 달팽이와 맹꽁이들이 살고, 길 양쪽엔 온갖 들꽃과 토종 나무들이 자라고 있다. 하지만 얼핏 보아서는 그냥 지나치기 쉬운, 보통의 절집 가는 소박한 산길이다.

그러므로 관음사 가는 길은 눈을 크게 뜨고 걸음도 천천히 걷는 것이 좋다. 절집이 멀지 않으니 전혀 서두를 이유가 없다. 아이들이 원하는 대로 계곡으로 내려가 누수식 연못의 생태도 찬찬히 살펴보고, 정자에 올라가 관악산 풍류를 읊으며 점심을 먹어도 된다. 주변 산기슭과 길가 풀숲은 모두 자연학습장이다. 우리나라 야산에서 자라고 있는 웬만한 식물들은 이곳에서 다 볼 수 있다. 노루귀, 병꽃나무, 부들, 꽃창포, 생강나무, 은방울꽃, 국수나무, 수호초, 부처머리꽃, 조팝나무, 꽃도라지… 셀 수 없을 만큼 종류가 많다. 하지만 이곳의 꽃과 나무들은 모두 이름표들을 달

고 있어 그냥 부지런히 살펴보기만 하면 된다.

　나의 꼬마친구들은 이 관음사 소풍 길에서 이제 웬만한 우리 들꽃 이름은 얼추 알아맞힌다. 초봄에 피는 노루귀는 자그마한 잎 모양이 어쩐지 노루의 귀처럼 겹이 많게 생겼고, 조팝나무는 꽃송이가 꼭 좁쌀을 튀겨놓은 것처럼 자잘하고 수북하게 피며, 부처머리꽃 수국은 줄기에 비해 꽃송이가 엄청 큰 것이 정말 부처님 머리처럼 생겼다는 것을 알고 있다.

　늦봄 계곡 가까운 데서 무리를 지어 피는 조팝나무꽃은 팝콘 때문에 너무 쉽게 외어 버렸고, 초여름 절집 화단에서 흔하게 볼 수 있는 부처머리꽃은 무거운 꽃송이 때문에 언제나 걱정스럽다. 다른 들꽃들 이름도 예쁘고 재미있는 것이 많다. 며느리밥풀꽃, 미나리아재비, 쑥부쟁이, 질경이, 초롱꽃… 우리 들꽃들은 그 생긴 모양만큼이나 이름도 수수하고 소박하다. 꼬마친구들은 처음엔 킥킥거리며 장난처럼 주고받다가 어느 사이엔가 익숙하게 그 이름들을 외어 버린다. 그렇게 즐겁게 노는 사이 절집에 닿는다.

용왕각이 있는 이유

　관음사는 신라 진성 여왕 때 도선 국사가 창건한 국찰이다. 전설 많고 암봉 많은 관악산 동북쪽 기슭에 음전하게 자리를 잡았다. 사당역 일대에 승방길과 승방교라는 지명이 지금까지 남아 있는 것을 보면 역사 속 관음

9층석탑에서 강남 일대를 내려다보면 영지임을 알 수 있다.

관악산 들머리의 꽃절답게 철쭉꽃이 만발하다(위).
용왕각에서 바라본 한적한 공원 같은 경내(아래).

사의 규모가 어느 정도였는지 짐작이 된다. 하지만 유서만 깊을 뿐 지금의 관음사는 모두 현대에 와서 새로 중창했다. 수차례의 전화로 천년 역사 속의 화려했던 전각들은 모두 소실되고 없다. 절터가 산중으로 들어가지 않고 밖으로 나와 있어 더 많은 화를 당했던 것 같다.

옛날의 영화는 흔적도 없지만 이런 유서와 깊이 연관된 전각을 오늘의 관음사에서 딱 한 채 볼 수 있다. 바로 용왕각이다. 용왕각과 산신각은 용왕과 산신을 섬기던 우리 민간 신앙을 불교가 수용한 것으로, 용왕각은 주로 바다 가까운 곳에 위치한 절집에서나 볼 수 있는 전각이다. 그런데 바다와는 상관없는 산절 관음사에 용왕각을 모셨다는 것, 이것은 과거에 겪었던 수많은 전화 때문이다. 도선 국사의 비보풍수를 적용한 것으로, 물을 상징하는 용왕을 모심으로써 불로 인해 일어날 수 있는 재난을 제압하고 예방하려는 심오한 뜻이 담겨 있다. 약수대 뒤, 계곡 옆의 앙징스런 전각이 바로 용왕각이다.

둥근 원 모양의 지형

관음사는 산기슭의 넓지 않은 터에 가로로 길게 앉아 있다. 경치도 전망도 그다지 빼어나지 않다. 그런데 지형이 빼어나다. 안으로 들어가보면 이곳에 왜 절집을 세워야 했는지 절로 고개가 끄덕여진다. 보기 드물게 주변의 산줄기가 둥그런 원을 만드는 지형인 것이다. 지장전 옆 9층석탑 앞에서 강남 일대를 내려다보면, 양쪽 산줄기가 끝나는 땅과 하늘이 정확하게 둥근 원 모양을 만들고 있음을 볼 수 있다. 한마디로 이곳이 영지임을 말해주는 지형이다.

1970년대 초 중창을 시작한 현재의 관음사 도량 역시 이런 지형에 철저히 조화를 이루면서 앉아 있다. 비록 세월의 흔적은 없지만, 주변 능선의 흐름과 완벽한 조화를 이루는 대웅전 기와지붕의 선 흐름은 볼수록 아름답다. 앞마당 고목 벚꽃이 한창 꽃이파리를 날리는 봄날엔 더욱 고졸한 멋이 있다. 그 앞으로 느티나무, 참죽나무, 오동나무, 백양나무, 은행나무 고목들이 다음 철을 준비한다.

아무튼 이런 지형 때문인지, 관음사를 다녀가는 많은 사람들은 관음사 진입로를 뒤로 걷는 것을 더 좋아한다. 올라올 때나 내려갈 때나 그렇게 걷고 있는 사람들을 흔하게 볼 수 있다. 운동 효과를 위해서도 그렇게 하지만, 대부분의 사람들은 본능적으로 그게 정신에 더 좋다는 것을 알고 그렇게 한다. 풍수를 믿지 않더라도 하늘과 땅이 그려내는 둥근 원 모양의 지형을 보고 있으면 마음이 한없이 편하고 기분이 좋아지기 때문이다. 명당이 괜히 명당이겠는가.

아쉬운 소풍을 끝내고 절집을 내려가는 길, 또 한 차례 재미있는 놀이판을 벌일 수 있다. 오가는 등산객들처럼 뒤뚱거리며 뒤로 걸어보기도 하고, 쉬엄쉬엄 내려가면서 올라올 때 못다 살펴본 야생화와 생태 연못의

능선의 흐름과 완벽한 조화를 이루는 대웅전 기와지붕의 선 흐름은 볼수록 아름답다.

자연 샘물들을 다시 한 번 찬찬히 관찰해보자. 설보았던 것들이 제대로 눈에 들어올 것이다. 아님 절집 바로 뒤쪽에 있는 물개바위까지 가벼운 등산을 해도 좋다. 아예 연주대까지 관악산 종주를 하든지.

● 찾아가는 길

대중교통편　지하철 2, 4호선 사당역 4번 출구로 나와 남태령 방향 300미터 지점에서 승방길 팻말을 따라 오른쪽 언덕길로 도보 20분 거리(승방길 초입에 관음사 팻말 보임).

자동차편　지하철 사당역에서 남태령 방향으로 300미터쯤 가면 오른쪽 승방길 입구에 관음사 팻말이 보인다. 이곳에서 우회전하여 관악산 등산로를 따라 조금만 올라가면 된다. 경내에 주차장이 있다.

● 관음사에서 살펴볼 것들

9층석탑　1997년 불교방송 개국을 기념하기 위해 조성했다. 기단과 탑신부의 비율 등 과학적이고 현대적인 조형미가 특징.

미타전　절집에서는 흔치 않은 지하 도량으로 삼천불이 봉안돼 있다.

대웅전　앉은 터와 지붕 선 등이 주변 산세와 완벽한 조화를 이루고 있다.

● 주변의 즐길거리

생태 연못　다리목에서 절집 바로 밑까지 진입로를 따라 흐르고 있는 자연 계곡에 총 10군데의 누수식 생태 연못이 조성돼 있다. 연못 주변은 야생화 화단이 종류별로 잘 조성돼 있고, 정자 쉼터도 두 군데나 있다.

벚꽃길　다리목에서부터 관음사로 올라가는 진입로 주변에 벚나무가 많아 4월 중순경에 가면 가족끼리 손잡고 멋진 벚꽃길을 즐길 수 있다.

관악산 등산로　관음사 바로 밑에서 오른쪽으로 이어지는 등산로를 따라 마당바위와 말고개를 거쳐 연주암으로 오르는 등반을 즐길 수 있다. 길이 매우 험하므로 등산 장비를 꼭 챙길 것.

옛 벨기에영사관　사적 제254호. 사당역에서 도보 5분 거리에 있다. 조선조 말 개화기에 지은 서양식 건축물로 고전적인 발코니와 이오니아 양식의 돌기둥 등 외장이 매우 아름답다.

● 문의

관음사　서울시 관악구 남현동 519-3번지 | 전화 02-582-8609

보석 같은 전각

시내버스에서 내려 자그마한 다리 하나를 건너면 바로 아름드리 고목들이 하늘을 가려 버리는 단정한 돌길이 시작된다. 오늘은 그 돌길에 늦핀 벚꽃 이파리 점, 점, 점, 하얀 무늬로 흩뿌려져 더욱 정감이 넘친다. 몇 걸음 저쪽의 시끄러운 소음이 거짓말처럼 차단된, 일주문 안 오롯한 돌길을 걷고 있는데 꼬마 정우가 갑자기 두 손을 모으더니 꾸벅 절을 한다. 엄마를 따라 절집을 자주 다녀본 꼬마의 기특스런 모습에 한순간 즐거운 웃음꽃이 피고, 덕분에 발걸음들이 한껏 경쾌해졌다.

4월 하순의 화창한 봄날, 정우네랑 준이네랑 함께하는 특별한 소풍날, 시작부터 분위기가 명랑하게 펼쳐진다. 우리의 절집 소풍을 전해들은 준이네가 앞으로 자기들도 정기적인 가족 행사로 절집 찾아다니기를 하고 싶다고 하여 마침 오늘 그 '연습 게임'을 하게 된 것인데, 일곱 살 연준이와 네 살 정우가 투정 없이 걸어다니기에 경국사는 더없이 맞춤한 경내와 볼거리를 갖추었다.

시내버스가 다니는 도로와의 사이에 겨우 정릉천 하나를 두고 있을 뿐인데도 이 절집은 이상하리만치 뚝 떨어진 느낌을 준다. 일주문에서 절마당까지, 네모진 자연석으로 잘 다듬어놓은 진입로는 불과 200미터밖에 되지 않지만 그 길에서 보고 느낄 거리는 너무도 풍성하다. 길을 호위하듯 에워싸고 있는 고목들, 그 깊은 초록 숲에서 들려오는 새소리 바람소리를 들으며 천천히 걸어가면 연못과 정자와 부도전이 나오고, 그리고 길의 중간쯤엔 절집의 나이와 맞먹는 오래된 옹달샘까지 있어 운치를 더해준다.

고종과의 인연

조선의 마지막 황제 고종의 왕위 등극 축하 재가 열렸던 경국사는 고려말 충숙왕 때 창건된 고찰이다. 창건주 자정 율사가 바로 충숙왕이 국존國尊으로 추앙하던 당대의 고승이었으니 출발부터 왕찰의 사격寺格을 갖춘 대찰이었다. 그러던 것이 조선의 억불숭유정책으로 퇴락의 길을 걷다가 명종 때에 이르러 문정 대비의 지원으로 대대적인 중창을 보았다. 이때부터 절 이름도 '부처님의 가호로 나라에 경사가 항상하기를 기원하는 절'이란 뜻의 경국사가 되었고, 명실상부한 왕실의 원찰로 거듭났다.

오롯한 돌길을 호위하듯 에워싸고 있는 고목들을 따라 걷는 길맛이 운치 있다.

바람에 흔들거리는 초록 보리수 잎의 반짝거림이 찌든 마음을 환하게 비쳐준다.

특히 왕위 등극의 축하 재를 이곳에서 올린 고종은 칠성각과 산신각을 새로 짓고 범종까지 보시하는 등 경국사의 중창에 많은 정성을 기울인 것으로 전해진다.

절 구경도 식후경

옹달샘의 감로수 한 쪽박씩을 들이켜고 절 마당으로 들어서는데 수령 200년의 보리수 두 그루가 아직도 성성한 잎새들을 피워내며 방문객들을 맞아준다. 그런데 쪼르르, 극락보전을 향해 내달리고 있던 연준이가 갑자기 배가 고프다며 뒤돌아 내려온다. 그러고 보니 12시 10분 전, 마침 공양간 쪽에서는 구수한 음식 냄새가 풍겨오고 있다. 소풍 가는 기쁨에 아침을 대충했으니 당연 음식 냄새에 민감할밖에. 볼 것 많은 절집일수록 '식후경'을 지켜야 하므로 우리는 (조금 염치가 없었지만) 먼저 공양간부터 찾기로 했다.

조금씩 차이는 있지만, 대체로 절집에선 끼니에 맞춰 찾아온 중생 손님들에게 공양 대접하는 것을 당연시하고 있다. 그래서 간소하고 수수한 식단일망정 시간 안에만 오면 몇 사람이든 나눠 먹을 수 있게 언제나 넉넉한 양을 만들어 대비한다. 특히 오래되고 규모 있는 사찰일수록 공양간의 이러한 전통도 잘 지켜지고 있다. 그런데 오늘 경국사의 점심 공양은 정말 푸짐하고 다채롭다. 천도재(죽은 사람의 넋을 극락으로 인도하기 위해 치르는 불교의 한 의식)가 있었던 모양으로 비빔밥에 떡과 부침개, 그리고 과일까지 '풀코스'로 차려져 있는 것이다. 도우미 보살님들의 인심도 후하여 쭈뼛거리고 있는 일일 방문객들에게까지 일일이 남은 떡과 과일 봉지를 안겨주는 것이, 정말이지 이게 웬 떡이냐 싶다.

덕분에 다들 배부르게 먹었는데 그 중에서도 성준이가 제일 맛나게 먹었다. 녀석은 집에서는 잘 안 먹던 나물비빔밥을 거뜬하게 해치우며 '절밥이 참 맛있다'고 예찬까지 해서 엄마 아빠를 놀래줬다.

탱화의 대가

즐거운 점심 시간을 보내고, 본격적인 절집 관광을 시작했다. 연준이는 아까부터 꼬마 정우의 손을 잡고 봄바람에 벚꽃 이파리 하르륵거리는 명부전 앞마당을 기웃거린다. 극락보전 앞에서 바라보는 벚꽃동산 풍경이 그야말로 한 폭의 그림이다. 하기야 그림으로 치자면 경국사 극락보전 만한 미술품이 있을라고. 조선 철종 때 새로 지은 극락보전은 그 자체로 이미 빼어난 불교 미술품이다. 유명한 목각후불탱은 희귀한 사료적 가치를 지니고 있으며, 1887년 봉안한 신중탱화와 목각아미타후불탱도 아름답기 그지없다. 또한 전각 속의 전각이라 할 수 있는 닫집(불상 위 천장에 꾸며놓은 집 형태의 구조물로 우리 사찰만의 특징. 다른 나라에선 천으로 만든 양산 모양의 화개를 씀)은 마치 신비로운 극락세계를 보는 듯하고, 문살의 단청도 더할 수 없이 곱고 섬세하다.

이는 1921년부터 60년간 경국사 주지를 맡으셨던 보경 스님의 공적으로 스님은 우리나라 불교사에 큰 족적을 남긴 단청과 탱화의 대가이셨다. 뿐만 아니라 수행의 덕도 대단히 높아서 이승만 대통령 시절엔 스님의 덕망과 인품에 감화된 대통령이 몇 번이나 경국사를 찾아와 친견을 하고 가기도 했다. 1953년 미국의 닉슨 부통령이 방한했을 때도 그를 대동하고 찾아와 닉슨에게 보경 스님을 알현(?)하는 자리를 마련함으로써 외신기자들이 경국사를 취재하여 서방에 널리 알리는 기회를 제공했다.

그런데 보경 스님이 경국사를 빛낸 역사 속 인물이라면 현재의 경국사에도 우리 불교계를 이끄는 유명한 어른 스님 한 분이 계시다. 바로 경국사의 조실이자 현 조계종 총무원을 이끄는 수장인 지관 스님이 그분이다. 지관 스님은 가산불교연구원과 불교원전전문학림인 삼학원을 세워 불교대백과사전으로서는 독보적인 가산불교대사림을 편찬하는 등 우리나라 불교계의 대표적인 학승이다.

해장죽의 전각 숲길

극락보전을 한 바퀴 돌고 있는데 문득 한 곳에서 발길이 멈춰진다. 오래전 딸아이와 함께 살펴봤던 부엉이 집이 생각나서다. 극락보전 뒤 영산전이 바로 앞에 쳐다보이는 지점, 고개를 들어보니 굴참나무 고목은 아직

도 성성하다. 윗둥치에 있는 부엉이 방귀 뀐 자리도 여전하고.

나는 예전에 딸아이에게 했던 말을 오늘 다시 아이들에게 써먹어 본다. '나무의 불룩해진 구멍은 모두 부엉이가 방귀를 뀌어서 그렇게 되었고, 부엉이가 나무에 그렇게 큰 방귀를 뀌는 것은 자기가 살 집을 만들기 위해서'라고.

어렸을 적 나의 할머니가 가르쳐준 오래된 지식(?)인데 아니나 다를까, 아이들은 예전 나의 딸아이처럼 모두가 부엉이를 보겠다며 나무 밑에서 요지부동이다. '저 나무는 부엉이가 실수로 방귀를 작게 뀌는 바람에 구멍 집이 작아 부엉이가 안 살 것'이며, '살더라도 부엉이는 야행성이라 낮엔 절대로 안 나온다'는, 예전과 똑같은 설명으로 아이들을 돌려 세우자니 절로 웃음이 나온다. 그런데 경국사의 보석 같은 전각 숲길에서 연준이가 또 한바탕 웃음거리를 만들어냈다.

"나무암 삼삼보살님 안녕하세요?"

영산전의 열여덟 나한상을 향해 올리는 일곱 살짜리의 인사가 귀엽고도 기발하다. 주위들은 '나무아미타불 관세음보살'을 나름대로 연구해서 써먹은 건데, 처음엔 아무도 그 말을 알아듣지 못했다. '너도 나무암 삼삼보살님한테 인사를 하라'고, 정우에게 인사법을 가르쳐줄 때에야 비로소 그 뜻을 알아듣고 모두들 배꼽을 잡았다.

어른들이 웃거나 말거나 연준이는 어느새 정우의 손을 잡고 다음 전각

지관 스님이 직접 설계한 무우정사의 전경.

으로 달려간다. 산신각과 천태성전의 '나무암 삼삼보살님' 께도 인사를 올릴 모양이다.

아이들이 뛰어가는 소롯길, 그 끝마다 숨어 있는 단아한 세 전각의 고색이 참으로 창연하다. 자잘한 자연석으로 쌓은 돌길이 전각마다 한 갈래씩 이어지고, 오밀조밀 갈래를 이루고 있는 돌계단 길섶을 따라 키 작은 산죽들이 싱그러운 수풀을 이루고 있다.

바람이 지나가면 바닷소리가 난다고 하여 해장죽海藏竹, 즉 바다를 품은 대나무라는 별칭이 붙어 있는 산죽 숲을 보니 문득 겨울 눈 내린 날 꼭 다시 이 풍경 속에 서 있어 보고 싶어진다. 모든 나무가 옷을 벗고 있는 그 계절, 고색창연하고 앙증맞은 전각들과 돌길과 산죽의 초록 잎새들 위로 하얗게 내려 덮인 눈… 그 멋진 풍경을 상상만 해도 즐겁다.

정우네도, 준이네도, 벚꽃 이파리 나부끼는 해장죽의 전각 숲길을 오래오래 거닐고 있다. 그들도 나처럼 먼 시간 뒤를 다짐하고 있는 것일까. 그러고 보니 준이네 가족 행사의 '오픈 게임' 은 꽤 성공적인 것 같다.

찾아가는 길

대중교통편　지하철 4호선 길음역에서 청수장행 시내버스(1114번) 이용, 정릉4동사무소 앞에서 하차. 맞은편 다리를 건너면 곧바로 일주문이 나온다. 지하철 5호선 경복궁역에서 초록버스 1020번 이용, 정릉4동사무소 앞에서 하차. 그외 정릉4동사무소 앞을 경유하는 시내버스 1013번(초록), 1113번(초록), 162번(파랑) 등을 이용.

자동차편　길음시장 사거리에서 정릉 방향으로 좌회전하고 나서 숭덕초교 앞에서 청수장 방향으로 우회전하여 계속 가다 보면 정릉4동사무소를 지나 왼쪽 다리 건너편에 일주문이 보인다. 경내에 주차장이 있다.

경국사에서 살펴볼 것들

극락보전　닫집과 목각후불탱, 격자문 문살 무늬 등 전각 전체가 온통 아름다운 불교 미술품이다.

전각 숲길　영산전, 산신각, 천태성전이 앉아 있는 숲길. 앙증맞은 세 전각을 이어주는 돌길과 산죽 숲이 운치를 더해준다.

절 뒤편 오솔길　무위당에서 오른쪽 뒤편 숲속으로 길이 나 있다. 스님들이 행선하는 길로 절집의 아름다운 풍경이 포근하게 내려다보인다.

주변의 즐길거리

정릉계곡　북한산 등산로 입구에 있는 유원지로 , 청수장유원지라고도 한다.

봉국사　조선 시대 중후기 이후의 법향이 묻어나는 만월보전의 석조 석가여래상, 명부전 등이 볼 만한 조선 왕실의 원찰이다. 정릉길 초입 숭덕초교 맞은편에 있다. 경국사에서 10분 거리.

북한산 등산로　정릉수영장에서 시작되는 북한산 등산로. 경사가 그다지 심하지 않아 50분 정도면 보국문에 도착하고, 여기서 대동문을 지나 우이동으로 하산하는 길은 아이들에게도 별 무리가 없다.

문의

경국사　서울시 성북구 정릉3동 753번지 | 전화 02-914-5447

솔바람 솔솔 불고

참 오랜만에 보광사를 찾았다.

딸아이가 어렸을 때 우이동에서 잠깐 산 적이 있어 보광사는 그 시절 우리 모녀의 추억이 서려 있는 절집이다. 솔밭을 지나 다리 건너, 진달래 핀 오솔길을 주욱 따라가면 저만치서 들려오던 풍경소리, 독경소리, 그리고 어김없이 달려나오던 흰둥이 가족…

봄빛 찬란한 오늘, 그 옛날 딸아이를 닮은 꼬마친구들을 대동하고 설렌 마음으로 추억의 장소를 다시 찾아보았다. 버스에서 내리자 낯익은 초록 솔밭이 반갑게 맞아준다.

보광사 가는 길의 초입에 있는 우이동 솔밭은 1만 평방미터가 넘는 땅에 우람한 노송 1천여 그루가 들어서 있는, 우리나라를 통틀어 몇 안 되는 평지 숲이다.

우이동 솔밭

"하아, 멋찌다! 꼭 영화에 나오는 숲 같다 그치?"

연아가 그 옛날 딸아이가 했던 말을 똑같이 하고 있다. 하긴 내가 아는 어른 중에도 비슷한 소감을 말한 이가 있었다. 눈뭉치를 뭉쳐들고 '나 잡아 봐~라' 며 문희와 신성일이 숨바꼭질하던, 60년대 영화 속의 바로 그 소나무 숲 같다고. 평지 숲이 흔치 않은 우리나라에서, 더구나 이렇게 크고 오래된 소나무 숲이 이 땅값 비싼 서울의 한켠에 숨어 있다니, 누구라도 하아, 놀랄 일이긴 하다.

솔밭은 그 사이 멋진 생태 공원으로 꾸며져 있다. 생태 연못과 어린이 놀이 시설에 야외 무대가 꾸며져 있고, 한쪽엔 바둑 두는 장소까지 만들어놓았다. 그 위를 세밀한 솔잎들이 하늘을 가리고 있어 사뭇 분위기가 그윽하다. 이제 이러한 자연 환경이 우리에게 얼마나 중요한 것인지를 많은 사람들이 깨닫고 있다는 사실이 고맙다. 사유지였던 솔밭이 생태 공원으로 다시 태어나게 된 게 모두 강북구청의 노력이라니 말이다.

노송 숲으로 들어서자 은은한 솔향이 코끝을 스친다. 부드러운 4월의 햇살은 청청한 솔잎 사이로 새어 들어와 무수한 빗살무늬를 만들고, 그 아래 사람들은 앉거나 기대거나 거닐면서 마음껏 소나무의 맑은 기운을 들이마시고 있다.

그런데 그들 모두가 왠지 소나무처럼 조용하고 기품 있어 보인다. 할아

버지 앞에서 바둑을 두는 소년 모습도 그렇고, 놀이 기구를 타고 노는 코흘리개 아이들까지도 그렇다. 그냥 어린이 놀이터에서 놀고 있는 시끄러운 아이들 모습이 아니다. 멀리서 나들이 온 가족이나, 동네서 산책 나온 사람이나 모두 여유가 넘친다. 천 그루가 넘는 아름드리 노송의 위용과 나무들이 뿜어내는 맑은 정기가 보이지 않는 작용을 한 탓이리라. 자연이야말로 사람을 순화시키는 가장 본질적인 힘이니까.

"우리도 오목 한판 두고 가요, 예?"

'오목판의 천하장사' 상운이가 어느새 빈 바둑판 앞에 자리를 잡으며 사정을 한다. 박물관에서도 자주 오목 두기를 하는데 또래들은 물론 나까지도 상운이를 당하지 못하는 실력이다. 하지만 절집에서 점심을 때우려면 11시 30분에 시작되는 공양 시간에 맞춰 올라가야 하는데 시간이 좀 어중간하다. 오늘은 공양간 인심이 좋기로 소문난 보광사 소풍인지라 도시락 준비를 따로 해오지 않았다.

황홀한 벚꽃나무 행렬

노송 아래서 즐기는 신선놀음은 나중에 돌아올 때 실컷 하기로 하고 절집으로 향했다. 보광사 가는 길도 그 사이 넓게 포장이 되어 있다. 옛적의 좁다란 오솔길의 정겨움을 떠올리며 마악 동네를 벗어나려는데 예상치 못한 벚꽃길이 환하게 펼쳐진다. 깨끗한 포장도로를 따라 화사하게 피어 있는 벚꽃나무 행렬은 황홀하다 못해 신선한 충격, 길도 나무도 모두 오래된 것 같지 않아 더욱 그래 보인다.

달콤한 벚꽃 향에 취해 한 5분 걸었을까, 길 중간쯤에서 왼쪽으로 나 있는 예전의 오솔길이 이제사 눈에 들어온다. 곧장 올라가면 북한산 진달래 능선으로 이어지는, 딸아이랑 손잡고 나무 이름 가르치며 함께 걸었던 바로 그 산길이다. 벚꽃으로 단장된 편안한 도로를 두고 애써 오솔길로 꼬마친구들을 이끌었다. 절집으로 가는 길은 뭐니뭐니해도 이런 호젓한 산길이 제격이니까.

길 위에 올라서니 저 아래 나무들 사이로 4·19국립묘지공원 안이 훤하게 내려다보인다. 저곳이 묘지라고는 믿어지지 않을 정도로 지금 공원 안은 온통 화사한 꽃나무로 뒤덮여 있다. 하필이면 이 아름다운 4월에 목숨을 잃은 순국 영령들, 그들에게 바치는 살아남은 자들의 선물은 다시 살아남은 자들에게로 고스란히 되돌아온다.

아이들 손잡고 봄나들이 나온 사람들이 공원 안에 가득하다. 역사적 의미가 깊은 데다 특히 조경이 잘되어 있고, 희귀한 꽃나무들이 많아 나 역시 딸아이 데리고 참 많이도 드나들었던 곳이다. 딸아인 공원 안에서건 이 길에서건, 4·19혁명을 상징하는 새하얀 돌탑을 보면 시키지 않아도 곧잘 묵념을 올리곤 했다.

화엄의 세계

　어느새 오솔길은 절집의 주차장 쪽으로 이어진다. 5분 정도 걸린 것 같다. 진달래 능선으로 이어지는 갈래길에는 보광사를 거쳐 북한산을 찾아가는 상춘객들의 발길이 분주하다. 그러고 보니 절집 안에도 꽃 소식은 흐드러지게 피어 있다. 새로 중창하면서 경내를 온통 철쭉으로 장엄을 해놓은 듯 관음전에서부터 대웅전까지 화사한 꽃 향기가 진동하고 있다. 꽃의 개화를 화엄의 세계라고 노래하던 어느 시인의 시구가 떠오른다. 봄은 절집마저 설레게 하는 것 같다. 깨끗하고 넓고 웅장하게 보광사는 완전히 바뀌어 있다. 화려해진 감도 없지 않다. 새로 지은 공양간 옆에는 그 옛날 흰둥이의 후손인지 하얀 개 한 마리가 짖지도 않고 누워 있다. 대웅전 앞 마당 오른쪽, 예전의 장독대 뒤로 돌계단이 남아 있어 흔적을 따라가 보니 단풍나무 군락지와 그 너머 숲속에 참꽃나무들도 보인다. 싸리꽃도 분홍 봉오리를 터뜨리기 직전이다. 아마도 요사채 하나가 그쯤에 있었을 것 같은데 지금은 허물어진 터만 남았다. 딸아이에게 진달래가 바로 참꽃이고, 엄마 어렸을 적엔 그 참꽃을 따먹으며 놀았다는 이야기를 해준 곳이 저 어디쯤이었을 텐데 지금은 철조망에 입산 금지 팻말이 붙어 있어 들어가 볼 수가 없다.

　거슬리긴 하지만 산을 보호하기 위해서라니 오늘은 이쪽에 선 채로 꼬마친구들에게 참꽃에 얽힌 사연을 들려준다. 배고팠던 그 시절, 봄이면

하늘을 향해 화엄의 세계를 노래로 불러주기라도 하듯
석등에도 꽃이 피어 있다.

뒷산에 올라가 참꽃(진달래)으로 군것질하는 것이 아이들의 놀이였는데, 진달래가 질 무렵부터 피기 시작하는 개꽃(연달래)을 어린 동생들이 따먹고 집단으로 배탈(식중독)이 났던 사건, 그리고 동생들 단속을 못한 죄목으로 종아리가 터지도록 맞았던 할머니의 싸리 회초리에 대한 추억까지.

"그러고 보니까 슬슬 배가 고파오는데 우리도 저 참꽃이나 좀 따먹어 볼까유?"

숫제 철조망을 뛰어넘으려는 민수를 골려주려 우리는 재빨리 공양간으로 향했다. 오늘 보광사 점심 공양은 묵은 김치를 다져 고명을 얹은 김치국수다. 국수는 특히 스님들이 좋아하여 승소(僧笑 : 스님들이 좋아서 입이 벌어진다는 뜻)라고도 하는, 절집의 별식이다. 그런데 지금 나의 꼬마친구들도 국수 냄새에 입이 크게 벌어졌다. 집에서 자주 먹어본 음식이 아님에도 녀석들은 입맛을 다시며 얌전하게 줄을 선다.

줄을 지어 차례를 기다렸다가 자기가 먹을 만큼의 양만 덜어와서 소리내지 않고, 흘리지 않고, 남기지 않고, 감사한 마음으로 먹는 절집의 대중 공양 법도를 나의 꼬마친구들은 이제 매우 익숙하게 지키고들 있다.

하지만 개구쟁이 민수만은 아직도 뜬금없는 짓거리로 우리를 웃겨준다. 오늘도 녀석은 두 볼이 미어터질 만큼 국수 오라기들을 우겨넣고는 그 입으로 기어이 한마디를 쥐어짜냈다. 김, 치, 국수, 국물맛이, 끝, 내, 줘, 요잉! 승소가 폭소를 잣고 말았다. 정말 맛있는 국수였다.

찾아가는 길

대중교통편 지하철 4호선 수유역 3번 출구로 나와 시내버스 101번 170번(파랑), 1217번 1219번(초록)을 이용, 덕성여대 앞에서 하차. 맞은편 솔밭공원 입구에서 보광사 안내판을 따라 도보 10분 거리.

자동차편 도봉로 수유사거리에서 우이동 방향으로 진입, 덕성여대 맞은편 우이동 솔밭공원 왼쪽에서 보광사 팻말을 따라 조금 올라가면 일주문이 나온다. 경내에 주차장이 있다.

보광사에서 살펴볼 것들

대웅전 넓은 마당에 서서 새로 지은 전통 한옥의 멋진 지붕선을 감상해볼 것.

공양간 보광사 공양간은 규모가 크고 인심도 좋다. 정오 시간에 맞춰 가기만 하면 아이들과 함께 담백한 절집 음식으로 점심을 해결할 수 있다.

장독간 전각들은 모두 새로 지었지만 옛 장독대는 그대로 보존이 돼 있고, 장독들도 모두 옛것 그대로를 쓰고 있다. 세 군데로 나뉘어 있는 장독 수량도 엄청 많다.

진달래와 철쭉 봄철엔 경내 어디를 가도 철쭉과 진달래꽃을 볼 수 있다.

주변의 즐길거리

우이동 솔밭공원 산책로와 생태 연못, 어린이 놀이 시설, 야외 무대 등이 조성돼 있어 휴식과 자연 공부와 문화 체험을 함께할 수 있는 매우 특별한 쉼터이다.

4·19국립묘지공원 보광사 입구에서 도보 10분 거리. 특히 봄엔 희귀 꽃나무들이 많아 꼭 한 번 가볼 것을 권한다. 주변에 특색 있는 음식점들도 많다.

옹기민속박물관 솔밭공원에서 우이동유원지 방향 100미터 지점(서라벌중학교 맞은편)에서 좌회전하여 다시 100미터 정도 가면 된다.

진달래 능선길 절집 주차장 왼쪽에서 시작되는 북한산 진달래 능선길을 따라 대동문까지 올라가는 등산로는 길이 비교적 평탄하고 한산해서 가족끼리 가벼운 등산을 즐기기에 좋다.

문의

보광사 서울시 강북구 우이동 산 63-9번지 | 전화 02-993-3808

물소리 가득한 절집

돌탑의 비밀

서울특별시 안에서도 한 번 더 특별한 곳, 은평구 진관외동에는 아직도 농사짓는 사람들이 살고 있다. 북한산 자락의 삼천사로 가는 길은 그래서 초입부터 시골 냄새가 물씬 풍기고, 그만큼 발걸음도 편안해진다.

삼천리골이라는, 예스러운 이름의 계곡을 따라가는 흙길은 초여름날 싱그러운 산들바람 맞으며 산보하기 딱 좋다. 그래서 나는 절집까지 편안하게 실어다 주는 봉고차를 마다하고 굳이 삼천리골 입구에서 꼬마친구들을 내리게 했다.

흐드러진 아카시아 향기가 벌써부터 발걸음을 재촉한다. 우리처럼 삼천리골 종점에서 버스를 내려 앞서거니 뒤서거니 걷고 있는 한 젊은 부부는 '이게 바로 냉이야, 저건 쑥이고 요건 아마 소루쟁이일 거야', 딸아이에게 들풀 이름을 가르쳐주느라고 바쁘다. 아마도 지난밤 늦게까지 식물도감을 펴놓고 세 식구가 함께 공부를 해온 듯하다. 곁으로 다가가 '절집 찾는 멋을 제대로 알고 있는 분을 만나 반갑다'고 인사를 건넸더니 남편 쪽이 '한멋 하는 사람'이라며 시원하게 웃는다.

나의 꼬마친구들과 젊은 부부의 딸아이는 금세 한통속이 되어 자꾸만 소롯한 산길 저쪽으로 도망을 친다. 벌써 만만치 않은 거리를 지나왔음에도 아이들의 얼굴에는 지겨워하는 기색이라곤 없다. 오히려 도토리나무와 상수리나무와 신갈나무와 떡갈나무의 다른 점을 찾아내느라 서로 바쁘다. 절집 소풍을 시작하고부터 나무에 관심이 많아진 준이가 제법 선생 노릇을 한다. 도토리나무는 키가 작고, 상수리나무는 밤나무처럼 생겼고, 신갈나무는 잎도 넓고 키도 크고, 떡갈나무는 잎이 제일 넓고, 그렇지만 모두 같은 참나무과이고, 우리나라에서 소나무 다음으로 많이 볼 수 있는 나무라고.

아이들의 웃음소리와 계곡의 물소리를 따라 몇 번의 굽이를 도는 데에 얼추 40분이 걸렸다. 오르막도 내리막도 그다지 급한 데가 없어 삼천사 가는 길은 별로 숨이 차지 않는다. 걷는 맛이 쏠쏠한 산길이다. 잠깐 땀을 닦으며 고개를 드니 북한산의 미끈한 봉우리들이 한눈에 들어온다. 비로봉과 노적봉이 손에 잡힐 듯하다. 그 아래 눈부신 초록 속에 언뜻 다가오는 겹겹의 기와지붕, 어느새 삼천사에 다다랐다.

"우와, 서울특별시 안에 이런 곳이 있다니, 무지 깊은 산속에 온 것

같다!"

젊은 부부가 감탄사를 연발하는 옆에서 나의 꼬마친구들은 가만히, 크고 깊은 숨쉬기를 하고 있다. 명상의 기본이기도 하지만, 신선한 산소가 절대 부족인 서울아이들에게 필요할 것 같아 절집을 찾을 때마다 내가 그렇게 하도록 시켰다.

"우와, 무지 깨끗하고 맑다, 공기가, 그치?"

젊은 부부는 '공기 맛'을 아는 나의 꼬마친구들을 몹시 신통해하면서 아주 조심스럽게 날더러 절집 안내를 좀 해달란다. 나는 기꺼이 가이드로 나섰다. 다섯 명의 아이와 두 명의 어른, 오늘은 제법 인솔할 만한 관광단이 꾸려진 셈이다.

친환경적인 해우소

삼천사는 벼랑과 계곡의 자연 지형을 최대한 활용하여 탑과 건물을 앉힌 산지형 절집이다. 이른바 설계부터가 요즘 유행하고 있는 친환경 생태 건축인 셈이다. 터는 좁지만 모든 건물이 북한산의 뻗어 내려오는 산세를 조금도 해치지 않으면서 오순도순 조화롭게 앉을 수 있도록 철저히 친환경적 건물 배치를 해놓았다. 그 중에서도 절 입구에 있는 화장실은 볼일이 없더라도 꼭 한 번 들어가 보는 것이 좋다.

흔히 해우소(解憂所 : 근심거리를 해결하는 곳)라고 하는, 우리나라 절집 화장실은 예로부터 소문난 곳이 많다. 구덩이가 얼마나 깊은지 아침에 본 '응가'가 점심 나절이 되어서야 퉁, 하고 바닥에 떨어지는 소리가 들린다는 전설의 해우소까지 있을 정도다. 물론 삼천사 화장실은 그런 전통식은 아니다. 오히려 안팎 모두 편리한 현대식이며 무엇보다 청결하다. 벼랑 위라는 천혜의 터에 맞추어 칸마다 계곡 저쪽의 자연 풍광이 한눈에 들어오는 친환경 설계까지 했다. 유행을 따른 것이 아니라 환경 운동의 뿌리라고 할 수 있는, 불교의 만물일여萬物一如사상을 구현한 것이다.

그렇다고 그 자리에 앉아 구질한 응가와 아름다운 저 자연이 서로 다르지 않음을 굳이 깨우쳐보려 애쓸 필요는 없다. 그냥 호젓함을 즐기면서 시원한 초록 숲을 바라보는 것만으로 충분하다. 배설 행위를 하는 은밀한 장소여서 그런지, 삼천사 해우소에서 바라보는 북한산의 풍경들은 분명 특별한 느낌을 불러일으킨다. 그러라고 화장실 건축에 그렇듯 속 깊은 공력을 들인 것이 아닐까만.

어른들을 위한 '안내 멘트'였음에도 꼬마친구들이 먼저 쪼르르 해우소로 달려간다. 녀석들은 칸마다 문을 열어보고 앉아보느라 한바탕 소란을 벌이고는 정말 '해우'가 되었다고 너스레를 떨면서 경내로 달아났다. 일곱 살 연아까지도 고개를 끄덕끄덕, 티 한 점 없는 화강암 바닥을 폴짝폴짝 뛰어 어느새 대웅전 옆 돌계단 위로 몸을 감춰 버린다.

마애불의 미소

삼천사는 경내가 넓지 않지만 그렇다고 단조롭지도 않다. 건물들이 계곡의 바위벼랑과 나무들 사이에 자리를 잡고 있고, 그 사이를 계단과 다리가 알맞게 이어주고 있어서 올라가고 내려가며 둘러볼 곳이 상당히 촘촘한 편이다.

녀석들은 기특하게도 대웅전 뒤쪽의 석종 모양의 탑 앞에서 얌전히 기다리고 있다. 탑을 향해 쉬지 않고 절을 올리고 있는 사람들 때문인지 아이들의 행동이 매우 조신스러워져 있다. 나는 이 기특한 아이들에게 유명한 삼천사의 벼랑새김 돌부처님을 소개해주기로 했다.

흔히 마애불이라고 부르는 삼천사 벼랑새김 돌부처는 고려 초기에 조성된 대단히 귀중한 보물이다. 몸체가 크고 얼굴도 잘생겼으며, 입을 오므린 듯 웃고 있는 미소가 독특하고 그래서 더 신비롭다.

설명을 끝내고 아이들에게 오른쪽과 왼쪽을 바꿔가며 돌부처님 얼굴을 자세히 살펴보게 하자 녀석들의 눈이 휘둥그레진다.

"달라요, 웃는 얼굴이 정말 다르게 보여요!"

음각과 양각을 섞어놓은 탁월한 조각 수법과 빛이 이뤄낸 조화다. 마애불은 햇빛과 촛불, 보는 위치와 시간대에 따라 그 모습이 미묘하게 달라진다. 이것이 마애불의 감상 포인트다. 연아는 엄마 아빠까지 불러놓고 요리 갔다 조리 갔다, 잘생긴 돌부처님의 신비로운 미소 감상에 푹 빠졌다.

석종 모양의 사리탑. 소나무와 어우러진 모습이 단아하고 아름답다.

전설의 돌탑

마지막 코스는 절 위쪽 계곡에서 시작하기로 했다. 시원하게 흘러내리는 물도 물이지만 갈 때마다 그 수가 늘어나는 전설의 돌탑이 거기 있다. 천 개의 탑 쌓기를 소원한 한 부부가 주말마다 찾아와 몰래 쌓아놓고 간다는 사연 있는 돌탑이다. 주변의 자연석을 이용하기 때문에 탑 하나가 완성될 때마다 골짜기의 모양이 바뀌고, 아무리 물이 불어나도 쓸려가거나 허물어지지 않아 신기한 소문들이 분분한데, 그 때문에 일부러 찾아와 확인하고 가는 팬클럽(?)까지 생겨났다. 전설은 그렇게 시작되는 것 같다.

다들 돌탑에 마음을 뺏기고 있는데 우리의 민수가 불쑥 화두를 던진다.

"그런데 이 절에는 왜 돌두꺼비와 돌다람쥐가 많아요?"

무슨 소린가 했더니 돌계단 난간 양쪽에 나란히 장식해놓은 두꺼비와 청설모 석상을 가리키며 위대한 발견가의 면모를 과시한다.

"이 절 안에는 돌계단마다 양쪽에 한 마리씩 꼭 저런 게 있어요, 두꺼비는 새끼를 업고 있는 것도 있구요. 다른 절엔 주로 용이나 거북이가 많았는데."

"글쎄, 그건 비밀인데…"

나는 아이들의 궁금증을 잔뜩 증폭시키는 작전으로 나갔다. 물론 나도 그 이유는 모른다. 좀 있다 돌아가는 길에 스님을 찾아뵙고 아이들더러 직접 물어보게 할 참이다. 혹 이 절터를 닦고 있을 때, 이곳에 살고 있던

수많은 두꺼비와 청설모를 (본의 아니게) 내쫓게 된 것이 미안해서 스님들
이 위로의 뜻을 모아 그 상을 만들게 되었는지도…
　아니 꼭 그런 깊은 사연이 있었으면 좋겠다. 우리 장난쟁이의 위대한
발견이 빛을 발할 수 있도록 말이다.

● 찾아가는 길

대중교통편 지하철 3호선 구파발역 2번 출구로 나와 삼천사 왕복 셔틀버스 이용. 평일에는 오전 8시 30분, 10시, 11시, 3회 운행하고 법회일에는 수시로 운행한다. 구파발역 3번 출구로 나와 704번 시내버스를 이용, 삼천리골 입구에서 하차. 삼천사 팻말을 따라 도보 30~40분 거리.

자동차편 연신내역에서 송추 방향 대로를 따라가면 기자촌사거리가 나온다. 계속 직진하다 두번째 사거리에서 삼천사 팻말을 따라 우회전하여, 삼천리골 길을 따라가면 일주문이 나온다. 절집 앞에 주차장이 있다.

● 삼천사에서 살펴볼 것들

해우소 볼일이 없더라도 꼭 한 번 들어가 앉아 있어 보면 안다. 일주문 옆에 있다.

종형사리탑 석종 모양의 아름다운 탑으로 진신 불사리를 모셨다.

벼랑새김 돌부처 정식 이름은 마애석가여래입상. 보물 제657호로 고려 초기에 조성됐다.

산령각 다른 절에 비해 규모가 매우 큰 산신각으로 이는 삼각산의 산신을 적극적으로 수용함을 표현한 것이다. 그래서 삼천사를 '산신이 보좌를 튼 절'이라고도 한다. 영험한 곳으로 소문이 났다.

돌탑 절 뒤편 계곡에 옹기종기 서 있다. 자연석으로 아무렇게나 쌓은 돌탑이지만 물이 불어나도 좀처럼 무너지지 않는, 살아 있는 전설이다.

● 주변의 즐길거리

옛 삼천사 터 절집에서 2킬로미터 위쪽에 위치한 옛 삼천사 터에는 대형 석조와 연화대좌, 석탑 기단석, 석종형 부도, 대지 국사의 비명碑銘 등이 남아 있다.

승가사까지의 등산길 김신조 사건 이후 폐쇄되었다가 최근에 개방된 등산길. 1시간 거리.

사슴농장 서울에서는 보기 드문 사슴농장이 절로 올라가는 삼천리골 길가에 있다.

● 문의

삼천사 서울시 은평구 진관외동 산 127-1 ㅣ 전화 02-353-3004

고요한 수묵의 산수화

희경이네 가족이 요즘 소풍바람이 났다. 한두 번 희경이를 따라와 본 엄마의 꼬드김에 오늘은 아빠까지 아예 가족 소풍을 하겠단다. 절집 소풍을 다니면서부터 희경이의 몸무게가 변화를 보인 것도 한몫 한 것 같다. 아빠는 희경이의 노력을 격려해주고 싶은 것이다.

배낭들을 챙겨 메고 당고개역에서 33-1번 버스에 몸을 싣고 나니 제법 여행 기분이 난다. 수락산과 불암산 사이를 지나가는 덕릉고갯길은 같은 서울이지만 바람 냄새가 확연히 다르다. 꽃이 피는 4월이나 과일이 익는 10월쯤엔 저 유명한 먹골배의 달콤한 향내까지 고개를 넘어온다.

이름도 낭만적인 카페 '산 넘어 꽃 향기' 앞에서 버스를 내려 본격적인 걷기를 하고 있는데 뜻밖에도 희경이네 아빠가 직장 동료를 만났다. 바위산으로 알려진 수락산 등반에 꼬마를 둘이나 데리고 다니는 고수(?) 등산가족들한테 희경이 엄마는 손뼉까지 치며 나를 소개하기에 바쁘다. 고작 서울 시내 절집들을 소풍 삼아 다니고 있는 나를 말이다.

어쨌든 일행이 늘어나 분위기가 좀 왁자해졌다. 유원지를 벗어나 첫번째 폭포인 옥류폭포를 지나면서부터 길은 조금씩 가팔라지기 시작하고, 수락산의 명물인 온갖 바위봉우리들도 위용을 나타낸다. 그리고 마침내 좁다란 돌계단이 시작된다. 여기서부터 절집 앞까지 30분 정도, 길은 내내 좁다란 돌층계로 이어진다. 적당하게 숨이 가쁘고 적당하게 땀이 나는, 등산의 묘미를 즐기기에 딱 알맞은 거리의 오름길이다.

돌계단길의 전설

내원암 가는 돌계단 길은 유난히 폭이 좁다. 그래서 아무리 일행이 많더라도 한 사람씩 올라가야 한다.

길은 자연석을 깨어 반듯한 계단을 만들어놓은 곳도 있고, 너럭바위를 쪼아 자연스럽게 층을 만들어놓은 곳도 있고, 아예 석축을 쌓아 아슬아슬한 돌계단길을 만들어놓은 부분까지 있어 스스로 제 걸음걸이에만 집중하게 만든다. 그러다 잠깐 멈춰서서 가쁜 숨을 고르노라면 왼쪽으론 은류와 금류폭포로 이어지는 깊디깊은 계곡이, 오른쪽으론 너럭바위 틈에 뿌리박고 사는 인고의 참솔 숲이 '잘 왔다고, 오길 참 잘했다'고, 마술처럼 발길을 재촉해준다.

절집 앞을 장식하고 있는 황매화 꽃무리가 화사하다.

나는 개인적으로 내원암 돌계단길을 만든 사람들을 알고 있다. 구리시 문화원의 김순경 원장과 그 부인으로 나는 이분들께 일생일대의 은혜를 입었을 정도로 가까운 적이 있었다(그분들을 떠올리면 언제나 감사와 죄송함이 교차해서 절로 고개가 수그러진다).

지역사회에서 존경받고 있는 원장님과 사모님, 두 분은 이 험하고 가파른 산길로 돌 하나하나를 손수 여다 나르며 지금의 내원암 돌계단길을 완성했다. 내원암에 오는 사람들뿐 아니라 이 길을 타고 수락산 종주를 즐기러 다니는 수많은 등반객들을 위해 자청해서 한 일이다. 오랜 시간 손과 발이 부르트고, 위험한 일도 수없이 겪었다. 깊은 불심과, 나를 낮추어 타인을 섬기고자 하는 헌신의 마음이 아니면 도저히 해낼 수 없는 일이다.

이러한 두 분의 지극한 정성은 내원암의 살아 있는 전설이 되었다. 실제로 길이 완성된 후 이 돌계단길에는 몇 번이나 관세음보살이 무지개를 타고 나타나는 신기한 일이 일어났으며, 두 분뿐 아니라 다른 사람들도 왕왕 이런 신비 체험을 하고 있다고 한다.

나의 설명에 등산가족네가 아하, 고개를 끄덕이며 힘을 실어준다. 길을 만든 사람에 대해서는 들은 적이 없지만 내원암 돌계단길은 모두 228개이고, 이 길에서 무지개를 보았거나 흰옷 입은 여인이 나타나 그 무지개 다리를 타고 가는 것을 보았다는 이야기를 들은 적이 있으며, 지금도 수락산 등산객들 사이엔 그 무지개 여인을 만나고 나면 반드시 좋은 일이 생긴다는 멋진 미신(?)이 떠돌고 있다는 설명까지.

금류동의 하늘

우리의 이야기에 희경이 엄마가 크게 고무되었다. 가파른 오르막길에 속으로 진땀깨나 흘리고 있었던 모양이다. 한 계단 두 계단, 지금부터는 이 어려운 길을 이렇듯 아름답게 다듬어놓은 사람들, 그분들의 정성과 땀을 생각하며 누군가를 위해, 아니 바로 나를 위해 힘든 수고를 아끼지 않으신 그분들의 귀한 정신을 헤아려보면서 끝까지 즐거운 마음으로 걸어보겠단다.

드디어 절집 바로 밑, 2단의 물줄기가 시원하게 쏟아져 내리는 금류폭포에 다다랐다. 희경이 엄마는 연신 숨을 헐떡이면서도 '몸은 힘들지만 기분은 거짓말처럼 상쾌해졌다'고 좋아한다. 희경이 아빠의 말마따나 그게 바로 맑은 산소로 정신적 샤워를 했기 때문이다.

유산소 운동의 3대 조건인 적당히 가파른 오름길과 소나무의 정기, 폭포의 음이온이 내원암 오는 길엔 넘치도록 흐르고 있다. 더하여 길을 만든 주인공의 좋은 기운들까지 분명 귀한 작용을 해주고 있을 것임을 나는 믿고 있다.

이제 느긋하게, 혹은 홀가분하게 수락산의 절경을 즐기면서 숨을 고를 차례다.

깊은 초록 숲에 싸여 있는 품이 몹시도 정갈하고 편안해 보인다.

단종의 생육신 김시습이 세상을 등지고 방랑하던 중 10년 동안 머물렀던 곳으로 유명한 금류동에 내려서서 깨끗한 계곡물에 땀들을 닦고 나니 여유는 한층 더 자적해진다. 운이 좋으면 이곳에서 은류와 금류 두 폭포가 만들어내는 무지개다리를 만나볼 수도 있을 텐데, 혹시 관세음보살님을 친견하게 될지도.

금류폭포 위의 널찍한 바위에는 거대한 암각문 '金流洞天(금류동천)' 네 글자가 유난히 눈길을 끈다. 누군지, 그는 이곳을 금류동의 하늘로 보았다. 글자의 가로세로가 1미터가 넘는 이 거대한 글을 이처럼 아득한 폭포 위에다 새겨넣은 사람은 또 어떤 정신의 소유자였을까. 도대체 어떤 마음으로 썼기에 130여 년의 세월과 물길이 지나간 오늘에도 저렇듯 강한 필획의 힘이 느껴지는 것일까.

정갈한 암자

이윽고 편안한 마음으로 절집으로 올라간다. 뜰 앞 잘생긴 후박나무 아래에 서보니 저 아래 금, 은, 옥류로 이어지는 금류동 골짜기가 한눈에 들어온다. 수락산의 손꼽히는 절경이 굽어보이는 자리에 내원암은 산수화처럼 단정하게 앉아 있다. 비구니 스님들의 수행 도량이어서 그런지, 내원內院이란 절 이름답게 참으로 내밀하고 안온함이 느껴지는 암자다. 수락8경 중에서도 손꼽히는 절경 금류폭포 위에 터를 잡았으면서도 그렇

다. 선경仙境이 따로 없다. 신령스런 터의 기운으로 보면 다분히 고찰의
맥이 느껴지지만 절집의 면모는 의외로 신선하다. 6·25 전란으로 사찰
의 모든 것이 불타 버렸기 때문이다. 하지만 고려 시대 양식으로 제작된
석조미륵불입상과 목어가 전해지고 있는 것으로 보아 고려 이전에 창건
된 고찰임은 분명하다.

웅장하지도 번다하지도 않은 산사의 분위기가 참 좋다고, 비구니 스님
들의 수행 도량이어서 그런지 깊은 초록 숲에 싸여 있는 품이 몹시도 정
갈하고 또 편안하다고, 희경이 엄마는 곳곳마다 둘러보며 찬탄을 아끼지
않는다. 대웅전 옆에 서 있는 석조미륵불입상까지도 얼굴선이 갸름하게
흘러내리는 양이 마치 아름다운 여자 부처님을 보는 것 같다며 감탄한다.
이 돌부처님의 제작 연대가 고려 시대로 추정되는 바로 그 보물이다.

희경이는 다른 이유로 감회가 깊다. 금선사 목정굴에서 들었던 농산 스
님 설화 때문이다. 조선 시대 때 후사가 없던 정조 대왕의 청으로 목정굴
농산 스님으로 하여금 왕자로 태어나도록 권유하여 결국 왕실의 소원을
들어주고 대신 억불정책을 완화하는 계기를 얻어냈던 바로 그 용파 스님
이 머물렀던 절이 이곳 내원암인 것이다.

병풍바위 앞에 서서

시원한 후박나무 아래 나무의자에 앉아 희경이 엄마가 솜씨를 부린 별

수락산의 손꼽히는 절경이 굽어보이는 자리에 내원암은 산수화처럼 단정하게 앉아 있다.

미도시락을 맛나게 나눠 먹고, 등산가족네는 수락산 정상으로 통하는 등산로로, 우리는 영산전 오른쪽 외진 소롯길로 미련 없이 갈라섰다. 수락산 종주 계획이 없었던 건 아니지만 희경이 엄마가 아무래도 오늘 소풍은 내원암으로 만족을 해야겠단다.

호젓한 산길은 희경이네의 소원대로 금방 끝이 났다. 노루발풀, 돌양지꽃, 산꿩다리풀이 산골 색시처럼 어여쁘게 피어 있는 길의 끝에 수락산의 명물 병풍바위가 서 있다. 원래는 이 병풍바위 아래가 미륵불입상이 서 있던 자리라니, 이 일대가 모두 내원암 경내에 속한다.

아득한 미래에의 염원으로 빚어진 어떤 돌거인이, 한 천년 전부터 저 아래 펼쳐지는 수락 절경들을 굽어보며 서 있었을 그 자리에 우리도 가만히 서본다. 속이 다 후련해진다고, 애써 땀 흘리며 올라오기를 참 잘했다고, 희경이 엄마가 제일 좋아한다.

굽어보는 전망이야 아름답기 그지없는데, 세상은 그예도 평안하신지… 절집 소풍의 묘미에 젖어드는 중이다.

찾아가는 길

대중교통편 지하철 4호선 당고개역 1번 출구로 나와 시내버스 33-1번을 이용, 수락산유원지 입구에서 하차. 도보 50분 거리.

자동차편 상계동 지하철 4호선 당고개역에서 남양주로 이어지는 덕릉고갯길을 넘어 삼거리에서 의정부 방향으로 좌회전하여 계속 가다보면 수락산유원지 입구가 나온다. 이곳에서 좌회전하여 유원지 안 주차장에 차를 세워놓고 절집까지는 걸어가야 한다.

내원암에서 살펴볼 것들

석조미륵불입상 고려 시대 조성된 것으로 추정되며 '경기도 갓바위'로 불릴 만큼 영험이 높다.

옛 공양간 단출한 옛날식 공양간 모습이 많이 남아 있다.

내원암 돌계단 인내력이 있어야 오를 수 있는 228개의 폭이 좁고 높은 돌계단. 왼쪽으로 금류폭포를 굽어보며 오르는 맛이 스릴 넘친다. 이 계단을 오르면 바로 절집이 나오므로 숨이 좀 가쁘더라도 길을 만든 사람들의 정성을 새기면서 돌계단이 몇 개인지 헤아려보는 것도 재미가 있다.

주변의 즐길거리

수락산유원지 마당바위유원지라고도 하는데 옥류폭포물에 발을 담그고 놀 수 있는 바위들이 많고 특히 자연 발생적인 맛집들이 많다.

옥류, 은류, 금류폭포와 금류동 계곡 내원암으로 오르는 길에 있다.

수락산 등산로 홍국사와 불암산으로 이어지는 등산로를 따라 가벼운 등산을 즐길 수 있다. 특히 내원암에서 불암산으로 이어지는 능선길엔 철쭉 군락지가 많아 봄철이 아름답다. 수락산 등산로는 어느 방향으로 하산해도 버스를 이용, 10~20분 만에 전철역까지 갈 수 있다.

문의

내원암 경기도 남양주시 별내면 청학리 578번지 | 전화 031-841-8794

골안개 아득해라

보석 같은 절집 금선사로 올라가는 정겨운 오솔길에 세 가지 꽃이 활짝 피었다. 산꽃 집꽃 이야기꽃, 그리고 삼각산 봄새들의 뻐꾹거림이 장단을 맞춰준다. 아, 계곡물 돌돌 흐르는 배경 음악까지 있다. 가슴 깊은 곳까지 포근해져 오는 봄날의 정경, 서울에서 이런 행복을 맛보게 될 줄이야…

삼각산의 서남쪽 줄기와 그 자락에 터를 잡은 장원들이 피우고 있는 꽃소식이야 형형색색 모두 봄이 주제이지만 아까부터 열을 올리고 있는 우리 꼬마친구들의 이야깃거리는 뜻밖에도 이북5도청에 관한 것이어서 나도 모르게 귀가 솔깃해진다.

저학년인 민수와 상운이는 이북5도청이 왜 우리 남한에 있으며, 하는 일이 무엇인지가 궁금하고, 고학년인 태준이와 희경이는 서로 나은 답을 주느라 점점 목소리가 높아진다.

"지금 북한은 평안남도 평안북도 황해남도 황해북도 함경남도 함경북
도 강원도 자강도, 그리고 량, 강, 도, 이렇게 9도인데 이것은 김일성이
북한을 남한하고 똑같이 하기 위해서 일부러 그렇게 만든 것이고, 원래
북한은 황해도 평안남도 평안북도 함경남도 함경북도, 이렇게 5도였기
때문에 6·25 때 이 지역에서 남쪽으로 내려온 피난민들을 위해 이북5도
청이 만들어진 거래. 각 도엔 도지사도 있고, 시장·군수, 읍·면장까지
기구가 다 정해져 있다구."

희경이가 숨도 쉬지 않고 주저리주저리 쐐기를 박자 태준이는 그만 기
세가 꺾이고 만다. 북한의 행정구역이 9도라는 것은 알고 있었지만 자강
도, 량강도와 같은 구체적인 행정구역 명칭은 모르고 있던 터라 나 역시
희경이의 박식함에 손뼉을 쳐주었다. 나중에 돌아갈 때 이북5도청에 들
러 꼭 견학을 해야겠다.

왕자로 환생한 스님

바위에 앉아 시원한 산개울 물에 발을 담근 꼬마친구들은 그예 장난기
를 발동, 발가락으로 물 튕기기를 하느라 신이 났다. 그 소란에 산꿩 푸드
득 날아오르고, 아이들 웃음소리 더욱 높아진다. 금선사 계곡의 눈부시게
찬란한 신록 풍광을 올려다보고 있노라니 울컥 목이 메인다.

그러고 보니 감수성 예민한 태준이가 아직도 머쓱함을 버리지 못하고

보석 같은 절집 금선사로 올라가는 정겨운 오솔길엔 계곡물 돌돌 흐르는 배경 음악까지 있다.

있다. 이런 때에 분위기 전환용으로 써먹곤 하는 비방을 꺼내기로 한다. 아이들의 관심을 확 잡아끄는 옛이야기 한 자락, 오늘은 목정굴에 전해 내려오는 흥미진진한 설화가 준비돼 있다. 조선 정조 때의 스님 한 분이 왕자로 환생한 이야기다. 아이들은 금세 눈망울을 반짝거리며 다가앉는다.

불교 탄압이 극심하던 조선 정조 때, '한수이북 제1 계행승'으로 칭송받던 농산 스님이란 분이 있었다. 스님은 평생 금선사 목정굴을 벗어난 적이 없을 정도로 수행이 깊었다. 어느 날 정조 대왕은 수락산 내원암의 용파 스님을 불러놓고, 스님들의 도력으로 자신에게 왕자를 얻게 해주면 불교 탄압을 거두어주겠다는 조건을 내건다. 이에 용파 스님이 관을 통해 본즉 나라 안에 왕자로 환생할 만큼 공덕이 높은 사람은 자신과 농산 스님, 둘밖에 없었다. 농산 스님 역시 이를 모르지 않았다. 용파 스님의 권유를 받은 스님은 불법 수호를 위해 기꺼이 자신의 견성을 다음 생으로 미루기로 한다. 드디어 조선 왕실의 왕손 점지를 위한 백일 기도가 회향되던 날, 내원암의 용파 스님은 목정굴의 농산 스님이 보낸 편지를 받았다.

"출가사문에겐 오직 견성성불의 길이 있을 뿐, 비록 왕자의 신분이라 한들 세속의 영화 따위를 좇고 싶지는 않소만, 내가 한 생을 늦추어 조선 왕실의 왕자로 태어난다면 정조 대왕은 자신이 한 약속을 지키지 않을 수가 없을 것이오. 이는 소小를 버려 대大를 구하는 일이니 내가 기꺼이 그렇게 하겠소. 그러니 용파 스님은 남아서 부디 이 땅의 불교를 융성하게

부처님의 모습을 닮은 큰바위 얼굴.

이루어주시오."

같은 날 정조 대왕도 발신을 알 수 없는 봉서 한 통을 받았는데 뜯어보니 '경술년 유월 열여드렛날 세자 탄생'이라고 씌어 있었다. 아무리 알아봐도 발신자를 알 수 없어 이상하게 생각하고 있는데 그날 밤 정조 대왕의 꿈에 한 스님이 찾아왔다.

"소승은 삼각산 목정굴에서 전하의 왕손 점지를 위해 기도를 올리고 있던 농산이라는 승이옵니다. 나라와 불법 수호를 위해 어렵사리 전생轉生을 결심하고 전하의 왕자로 다시 태어나고자 하오니 부디 물리치지 마옵소서."

말을 마친 스님은 임금 옆에 자고 있던 후궁 수빈 박씨의 품속으로 쑥 들어가 버렸다. 과연 수빈 박씨는 열 달 뒤에 왕자를 낳았다. 정조 대왕이 급히 사람을 시켜 알아보니 농산 스님은 열 달 전 기도 회향과 함께 아무 이유 없이 숨을 거둔 사실이 판명되었다. 정조 대왕은 즉각 금선사에 큰 불사금을 내려 절을 중창토록 하고, 용파 스님을 불러 크게 치하했다. 이로써 억불정책으로 일관하던 조선조의 국법이 조금씩 완화되는 계기가 되었음은 물론이다.

정조의 뒤를 이어 조선 제23대 왕위에 오른 순조 임금의 전생이 바로 삼각산 목정굴에서 수도하던 농산 스님이란 이야기는 오랫동안 인구에 회자되어온, 아름다운 전설이다.

물의 굴

이야기가 끝나자 아이들은 더욱 눈빛을 반짝거리며 각각의 반응을 보인다. 아까 입구에서 안내판을 읽고 온 희경이는 몹시 흥미롭다는 표정이고, 상운인 정말이냐고 다시 묻고, 태준인 빨리 목정굴을 보고 싶어 걸음이 빨라진다. 그런데 민수의 반응이 걸작이다.

"그거 '믿거나 말거나'에 나오는 그런 거 아녀요?"

까르르, 꼬마친구들의 웃음소리가 계곡물 쏟아져 내리는 소리보다 더 시원하게 울려퍼진다. 믿거나 말거나, 나는 녀석들을 전설의 고향으로 안내해 갔다.

앞에도 뒤에도 콸콸거리는 물소리, 목정굴은 물과 함께하는 굴 법당이다. 굴 안쪽 약수가 흘러넘치는 돌샘 한가운데에 수월관음상까지 모셔놓았을 정도로 물의 굴이다. 넘치는 물과 거대한 바위로 이루어진 굴 법당의 신비한 위용에 꼬마친구들은 입을 딱 벌리고 꼼짝도 않는다. 나는 부러 침묵을 지키며 모두에게 약수를 떠마시게 한 다음 희미하게 빛이 들어오고 있는 왼쪽 돌계단길로 조심조심 녀석들을 이끌었다.

금선사로 가는 길은 두 갈래가 있는데, 계곡 쪽 길은 반드시 목정굴 속의 이 오묘한 미로를 지나가도록 길이 나 있다. 습하고 컴컴하고 좁다란 바윗굴의 틈새가 도솔천처럼 아름다운 절집의 꽃 마당으로 통해 있는 것이다. 꼬마친구들은 약속이나 한 듯 모두 침묵을 지키며 한 발짝, 두 발

금선사의 해우소. 단아하고 소박한 품이 꼭 수행처 같다.

짝, 진중하게 따라온다. 민수까지도 조용하다. 이런 모습은 또 처음이어서 나는 부러 걸음까지 더디 걷는다. 아이들은 지금 무슨 생각들을 하고 있을까. 이 좁고 낮고 컴컴하고 신비로운 돌계단길 끝에 5월 햇살 찬란한 절집 꽃 마당이 기다리고 있는 것을 보면, 저 순수한 영혼들은 또 어떤 반응을 보일는지.

지상낙원

조심스레 바위틈을 빠져나온 아이들은 과연 탄성의 연발이다. 지하에서 지상으로 혹은 차안에서 피안으로 건너온 듯한, 이 특별한 체험이 신기해서 어쩔 줄을 모른다. 그러면서도 혼자 다시 바위틈으로 내려가지는 못한다. 그냥 들여다보고 만다. 그만큼 목정굴의 기운은 예사롭지가 않고, 아이들은 그것을 알고 있는 것이다.

피안의 절집 마당은 온통 벚꽃잎으로 하얗다. 위아래 두 흙마당에 왕벚과 노송이 마주보며 짝을 이루고 있는 것도 특이하고, 이리 늦게 꽃 잔치를 벌이는 것도 색다르다. 그 옆으로 예닐곱 채의 전각들이 있는 듯 없는 듯 앉아 있다. 맨 아래 목정굴 법당에서 제일 위쪽 극락보전까지, 산과 계곡이라는 자연 지형을 절묘하게 활용하여 전각을 짓고, 나무다리와 돌계단과 흙마당으로 각 전각들을 이어 자연 조건과의 조화를 최대화시켜 놓은, 우리 사찰 건축의 미학이 한껏 돋보이는 절집이다. 계곡의 흐르는 물길을 따라 이쪽 저쪽 절묘하게 터를 잡은 경내는 말 그대로 주변 자연과의 완벽한 조화다. 아래 목정굴과의 연결 통로도 그렇지만, 제일 높은 극락보전과의 연결 통로 역시 계곡에 누워 있는 자연적인 바위다. 현대식 납골당으로 마련한 연화당은 나무다리를 건너서 가고, 그 지붕은 극락보전 앞마당으로 열렸으며, 대웅전 뒤편 흙마당 밑으로는 졸졸 계곡물 흐르는 소리가 들려온다. 지은 연대가 서로 다른 건물과 산과 계곡이 흠잡을 데 없이 하나로 어울렸다.

꼬마친구들은 이 지상낙원을 즐기느라 걸음들이 바쁘다. 넓지 않은 경내임에도 살펴볼 거리가 풍성하고, 뛰어놀 곳도 많다. 사방으로 능선들이 뻗어내리는 협곡의 한자리라 아늑하고 편안하면서도 정기가 넘친다. 그래서 절 이름을 부처님이 상주하는 영지라는 뜻의 금선金仙이라 했겠지만.

광화문에서 버스 타고 온 시간까지 합쳐도 30분이 채 되지 않은 거리에 이런 지상낙원이 숨어 있다니… 오늘은 저녁 늦게까지 마음껏 놀다 가야겠다. 이 맑고 신선한 공기 넘치는 곳에서.

● 찾아가는 길

대중교통편 광화문 교보빌딩 앞에서 0212번 버스를 이용, 구기동 종점(이북5도청)에서 하차. 왼쪽 금선사 팻말을 따라 도보 10분 거리.

자동차편 세검정길에서 구기터널 쪽으로 가다가 이북5도청 방향으로 좌회전한다. 이북5도청 앞에서 팻말을 따라 좌회전하여 조금 올라가면 비봉매표소 맞은편에 절집 주차장이 있다. 도로 일부분의 폭이 몹시 좁으므로 주의해야 한다.

● 금선사에서 살펴볼 것들

목정굴 계곡에서 절집 마당으로 이어지는 천연 바윗굴.

연화당 보통 절집 안에서는 보기 드문 법당식 납골당으로 조금 특별한 지장전이라고 보면 된다.

신중탱화 금선사 신중탱화는 1889년에 제작된 것으로, 그림의 기록이 선명하게 남아 있어 19세기 우리나라 불화 연구에 귀중한 자료로 꼽힌다.

대웅전 흙마당 계곡 위를 메워 만든 흙마당으로 땅 밑에서 계곡물 흘러가는 소리가 재미있다. 이 마당을 양옆에서 우산처럼 뒤덮고 있는 노송과 왕벚나무의 위용이 볼 만하다.

극락보전 국산 홍송으로 다듬어낸 배흘림기둥과 닫집의 섬세한 목공 기술이 돋보인다.

● 주변의 즐길거리

이북5도청 이산가족정보센터 등 북한 관련 정보와 행사가 많고, 여유 공간이 많은 청사 안의 조경도 한 번쯤 둘러볼 만하다.

북한산 등산로 금선사에서 올라가는 비봉까지의 등산로는 일반에 많이 알려져 있지 않아 가족끼리 오붓하게 즐길 수 있는 코스다.

● 문의

금선사 서울 종로구 구기동 196-2번지 | 전화 02-395-9911

108개의 바위가 있는 풍경

우이남능선의 마지막 관문인 된비알을 올라서자 우뚝한 소귀바위(우이암)가 제일 먼저 눈에 들어온다. 바위 모양이 소의 귀를 닮았다고 해서 그런 이름이 붙었다.

하지만 이것은 어디까지나 멀리서 도봉산을 조망할 때의 얘기고 정작 이 바위 코밑에 있는 절집에서는 관음봉이라고 부른다. 바위의 생긴 모양이 관세음보살을 닮았다는 것이다.

그래 자세히 살펴보자니 정말로 부처님을 향해 예를 갖추고 있는 관세음보살 형상으로 다시 보인다.

마음을 그리 먹어서이겠지만, 좌우의 크고 작은 바위 무리들은 이 관음바위를 향해 모두 머리를 조아리고 있는 형국이고, 그 아래 절집의 당우들도 이 바위를 우러르며 다소곳이 앉아 있다.

호랑이에서부터 학까지

절집 앞 넉넉한 바위샘에서 목을 축이고 다시 찬찬히 둘러보니 비로소 좌우에 둘러선 바위들이 하나하나 제 모습을 드러낸다. 호랑이, 코끼리, 두꺼비, 토끼, 거북이, 코뿔소, 학… 온갖 동물 모양이 다 있다. 작심하고 찾아보면 무려 108종류의 동물을 알아볼 수 있다던 원통사 신도의 말이 전혀 과장은 아니다. 꼬마친구들에게는 저 바위만으로도 한참 재미있는 놀이가 될 것 같다. 아이들 마음으로 본다면 이 세상 온갖 동물 모양이 다 있을 것 같은, 참으로 신기하고 별스러운 산꼭대기 풍경이다. 그런데 하필 오늘 이곳을 혼자 왔다. 저것은 개구리, 저것은 부엉이…, 저마다 엉뚱한 동물들을 그려보이느라 찧고 까불어댈 아이들의 모습이 눈에 선하다. 습관이란 게 무서운 것이, 몇 번 함께하지 않은 것 같은데도 이렇게 절집에만 오면 나도 모르게 녀석들에게 해줄 얘깃거리부터 찾게 된다.

원융한 권능

절집의 넓지 않은 마당에는 봄꽃이 한창이다. 청초한 매발톱과 백매화에 모란까지 활짝들 피었다. 부처님오신날을 앞두고 줄을 지어 매달아놓은 연등들까지 꽃송이처럼 화사하다. 그 위로 좀더 가까워진 관음바위가 그윽하게 이쪽을 굽어보고 있고, 법당에선 노스님의 독경소리가 나직하게 들려온다. 종각 느티나무 밑엔 등산객 네댓 명이 두런두런, 편하게 쉬고 있다. 요사채 옆 흰둥이 두 마리는 졸다가 말다가, 한 번씩 멀뚱히 객들을 쳐다만 보고…

5월 한낮, 서울에서 이렇게 호젓한 느낌을 주는 절집도 없을 것 같다. 한마디로 세속의 때를 탄 티가 안 난다. 절집 분위기가 검박하고 해맑고 친근하다. 지붕이며 단청이며, 결코 오래된 것 같지 않음에도 오래된 것 같은 분위기를 잣고 있다. 하루에도 수백 명의 등산객들이 거쳐 가는 절집이라곤 믿기지 않을 정도로 외져 보이고 한적해 보인다. 바로 저 아래, 노원의 즐비한 아파트 단지가 손에 잡힐 듯 펼쳐져 있는데도 말이다.

원통사는 도봉산 최고 길지에 자리잡은 관음도량이다. 원통圓通이란 관세음보살이 '모든 곳에 두루하는 원융한 권능으로 중생을 구제한다'는 측면에서 관세음보살의 높은 덕을 칭송하여 일컫는 말이다. 그래서 보통 절집에서는 관세음보살을 주불로 모신 전각을 원통전, 부불로 모시는 전각을 관음전이라고 한다.

그런데 원통사엔 아예 절 이름에 '원통' 이란 말이 붙었다. 그렇다고 관세음보살을 주불로 모신 전각이 따로 있는 것도 아니다. 관음보전이 본전이기는 해도 가운데 아미타불을 보좌하는 협시불로서 관세음보살이 봉안됐을 뿐이다. 그렇다면 이 유서 깊은 관음도량의 주불로서의 관세음보살상은 어디에? 그것이 바로 관음바위다. 서울 시민들이 소귀바위라고 부르는 도봉산의 이 명물 바위를 불교신자들은 천년도 더 전부터 관세음보

살의 화신으로 섬겨왔다. 다시 말해 천연의 불상으로 경배해왔던 것이다.

근세에 들어 규모가 크게 줄어들었지만, 원통사는 신라 비보풍수의 대가 도선 국사가 창건한 보기 드문 명찰이다. 조선 시대의 무학 대사를 비롯하여 만공, 동산, 춘성 등 기라성 같은 고승대덕들이 이곳을 거쳐 갔다. 스님들마다 남겨놓은 관음 기도 영험담은 그 자체로서 원통사의 역사가 되었다. 그 중에서도 무학 대사와 태조 이성계가 가장 뚜렷한 흔적을 남겨놓았다.

천명을 받은 거북바위

태조 이성계가 아직 조선을 세우기 전의 일이다. 기울어가는 고려말의 혼란 속에서 조선 개국이란 야망을 품고 있던 이성계는 풍수의 대가 무학 대사와 함께 한양을 찾는다. 말하자면 장차 자신이 세우게 될 나라의 도읍지로서 한양의 풍수지리를 알아보는 사전 답사를 온 거였다.

한양의 주산인 북한산의 영지들을 모두 둘러보고, 마지막 도봉산 원통사에 여장을 푼 이성계는 무학 대사의 권유로 이곳 석굴 법당에서 7일간의 관음 기도를 올리게 된다. 터가 터이니만큼 그 자신도 제법 마음이 끌렸음이다.

드디어 기도 마지막 날, 비몽사몽간에 천상의 사신이 이성계를 찾아온다. 간절한 기도가 하늘에 닿았음인지, 마침내 옥황상제의 부름을 받은 것이다. 이성계는 떨리는 가슴을 쓸어안고 황급히 사신을 따라나섰다. 석굴 밖 거북바위에 이르자 사신은 그에게 천상의 재상들이 입는 의관을 내어주며 갈아입기를 권한다. 황송스럽게도 상공의 복장을 갖춰 입은 이성계, 이게 꿈인가 생시인가… 옷깃을 여미고 사신을 따르니 어느 사이 몸이 천계에 올라 있다. 상공 이성계가 옥황상제를 배알하는 자리였다.

상제는 이성계에게 명을 내린다. 내용 불문의 천명이다. 상제의 명을 받잡은 이성계는 너무도 황송하여 몸 둘 바를 모르겠는데 문득 천 길 낭떠러지로 떨어지는 느낌이 든다. 깜짝 놀라 정신을 수습하고 보니 다시 원통사 거북바위 위, 방금 전의 그 모습으로 말짱하게 앉아 있다.

천명, 천명이라니… 옥황상제의 지엄한 음성이 아직도 귓가에 생생하다. 그러나 그 내용이 무엇이었는지, 이성계는 일절 발설치 않는다. 오직 천명을 받은 자, 그대로 따를 뿐. 그리하여 이성계는 조선의 개국에 박차를 가했고, 마침내 그 스스로 태조가 되었다.

이성계의 거북바위는 지금도 원통사 경내에 있다. 약사전 바로 앞, 거북의 등딱지에 해당하는 널찍한 바위 표면에 '相公岩(상공암)'이라는 큼직한 글자가 뚜렷하게 새겨져 있다. 천기를 누설할 수는 없으되, 다만 자신이 천상의 상공이 되어 옥황상제를 배알하러 올라갔다는 증표만은 만고에 알리고 싶었던 것이리라. 그것이 전설이 되건 역사가 되건 간에. 덕분에 원통사 경내의 거북바위는 원래 이름보다 상공암으로 더 많이 불리

게 되었다.

그런 내막으로 하여 조금 외람됨을 느끼며 상공암 멋진 글씨 위에 올라본다. 이성계의 친필 여부는 밝혀져 있지 않지만 문외한이 보기에도 단정하면서도 힘차고 무게가 느껴지는 글씨다. 이곳에서 관음바위는 바로 눈앞에 올려다보이고, 돌아서면 저 아래 노원구의 마들 벌이 생경스럽게도 펼쳐져 있다.

왼쪽으로 난 소롯길을 따라가니 이성계가 기도를 올렸던 석굴 법당 나한전이 나온다. 천연의 바위벽을 쪼아 감실을 만들고 단을 만들어 불상과 나한상들을 정연하게 봉안해놓았다. 여늬 석굴 법당과는 다르게 굴 안의 분위기가 깔끔하고 밝다. 법당 안에 바위샘이 있는데도 굴 안이 전혀 습하지 않은 것도 특이하다. 나한전의 바위샘은 안에서도 밖에서도 물을 뜰 수 있게끔 굴 왼쪽 묘한 곳에 숨겨져(?) 있어 자칫 샘이 있는지도 모를 뻔했다. 그런데 쪽문을 열고 뚜껑 사이로 안을 살짝 들여다보니 샘의 깊이를 종잡을 수가 없다. 산꼭대기 바위 속에 이렇게 수량이 풍부한 샘이라니… 하긴 산꼭대기 절 원통사에 바위 다음으로 많은 것이 샘물이고 보면 그리 놀랄 일도 아니다.

고색 깃든 삼성각

경내에서 제일 높은 곳, 비좁은 터에 간신간신 앉아 있는 삼성각은 관음바위의 아랫부분과 닿아 있다. 삼성각 뒤를 병풍처럼 둘러싸고 있는 벼랑이 바로 관음바위의 몸체를 이루고 있는 것이다. 그래서인지, 기운찬 그 무엇이 삼성각 주변에 특히 많이 흘러넘치는 것이 느껴진다. 그럼에도 안에 모신 탱화 속의 산신님 모습이 얼마나 친근하게 느껴지는지, 나도 모르게 웃음이 비어져 나온다. 천진하다고 해야 할까, 유치하다고 해야 할까, 그림의 기법이나 색상들이 보통의 절집과는 다른 분위기다. 게다가 조잡하고 낡은 조화 장식까지 그 앞에 놓여 있다. 하지만 그것이 이 절집을 지키는 스님의 격 없는 정신을 보는 것 같아 오히려 기분은 더 좋다. 중요한 것은 그것을 받아들이는 내 마음에 있지, 그것 자체가 무슨 작용이 되는 것은 아니지 않은가.

가볍고 상쾌한 기분으로 저 아래 세상을 또 한 번 내려다본다. 서울 동북부는 물론 저 멀리 팔당댐과 용문산까지 발 아래서 가물거린다. 원통사 경내는 여전히 한가롭다. 소박하고 평범한 전각들 사이에서 고색 깃든 석축과 요사채의 주초석과 수령 600여 년의 느티나무만이 이 절집의 옛날을 말해준다. 군데군데 일궈놓은 텃밭엔 노스님이 가꾸는 참두릅이 한창이다. 옛절이면서 예스럽지 않고, 영지이면서 평범하고, 하늘에 닿아 있으되 아늑하게 들앉은 절집의 풍경이 볼수록 편안하다.

● 찾아가는 길

대중교통편　지하철 4호선 수유역에서 2번 출구로 나와 시내버스 170번이나 101번을 이용. 우이동 종점에서 하차. 우이동유원지 입구 다리 앞에서 오른쪽으로 난 좁은 등산로(대한산장 팻말 있음)를 따라 도보 30분 거리.

자동차편　도봉로 수유사거리에서 우이동 방향으로 진입, 우이동유원지까지 가서 유원지 안 유료 주차장을 이용하든지, 바로 옆에 있는 그린파크 주차장에 차를 세워놓고 절집까지는 걸어가야 한다.

● 원통사에서 살펴볼 것들

나한전　태조 이성계가 기도했다는 석굴. 왼쪽 구석에 비밀스런 바위샘이 숨겨져 있다.

상공암　커다란 바위에 태조 이성계와 연관된 것으로 전해지는 相公岩이라는 한자가 새겨져 있다.

종각　일주문을 겸하고 있는데 범종 아랫부분에 반사 홈 대신 대형 항아리를 묻어놓은 것이 특이하다.

소채밭　절집 주변이 모두 소채밭으로 절집에서 직접 가꾼다.

● 주변의 즐길거리

소귀바위　우이암, 관음봉, 사모봉 등으로 불리며, 도봉산 아래에서 볼 때 소 귀처럼 뾰족하게 솟아 있는 바위다. 삼성각 바로 위에 있는데 절집에서 나와 등산로를 따라 조금 올라가면 있다.

도봉산 등산로　보문산장을 거쳐 만장봉, 선인봉, 주봉, 오봉, 우이암 등 암벽이 아름답기로 유명한 도봉산의 암봉들을 감상하며 도봉동으로 하산하는 등산로는 한 번 걸어봄직하다.

우이동유원지　한때 대학생들의 인기 엠티 장소였던 우이동유원지는 위에 군부대가 있어 비교적 자연 경관이 잘 유지돼 있다. 계곡을 따라 산책하기에 좋고 여름철엔 물놀이도 할 수 있다.

● 문의

원통사　서울시 도봉구 도봉동 546번지 | 전화 02-954-9944

오래된 향기

진관사에 처음 가던 날 딸아이가 물었다. 진관동에 있는 절이라서 진관사가 되었냐고.

오래전 일이지만 아이와 함께한 추억의 장소는 언제나 애잔함을 불러일으킨다. 그런데 오늘 함께 가는 꼬마친구들이 또 그렇게 묻는다. 당연히 그럴 거라고 믿고 있는 희경이는 표정까지 딸아이를 닮았다.

하지만 천만에, 진관사는 지금으로부터 천여 년 전 이 절을 창건한 진관 대사의 법명에서 비롯되었다. 그러니까 진관외동과 진관내동이란 동네 이름이 오히려 절집 이름에서 유래된 것이다(진관사의 지번이 진관외동 1번지다). 그뿐만이 아니다. 6·25 때 전화를 입어 잿더미가 돼 버린 진관사를 30여 년에 걸친 노력 끝에 지금의 모습으로 이루어놓은 현 주지 스님의 법명도 진관이다. 절을 처음 만든 사람도, 지금 절을 지키고 있는 사람도, 그리고 절집이 들어서 있는 동네 이름까지 모두 똑같은 진관이라니, 더구나 창건주 스님과 현 주지 스님은 성별까지 다른데도 인연이 이 정도면 참 특별하다 할 만하다.

최고의 운치

진관사는 북한산의 내밀한 아름다움이 한눈에 들어오는 위치에 자리잡고 있다. 그래서 봄 여름 가을 겨울, 어느 계절과도 잘 어울리고 풍광 또한 최고의 운치를 자랑한다.

봄 진관사야 더 말할 것도 없지만 그 중에서도 송화松花가 피는 5월 하순경을 나는 특히 좋아한다. 절 뒤편을 에워싸고 있는 아름드리 솔숲에서 솔솔 불어오는 솔바람, 그 은은한 향기는 정말 상쾌하다. 한 10분만 후원을 거닐고 있어도 몸과 정신이 확실하게 정화되는 것을 느낄 수 있다. 대체의학 연구가들에 의하면, 오래된 나무가 뿜어내는 맑은 기운은 질병까지 치유할 수 있고, 그 중에서도 오래된 소나무가 뿜는 기운이 최고라고 하는데 그 말이 정말 맞다는 것을 알 수 있다.

꽤 깊은 물놀이장까지 있는 진관사 계곡은 여름뿐 아니라 겨울도 참 멋진 풍경을 연출한다. 딸아이와 함께 진관사를 찾았던 그날, 온통 하양으로 덮여 있던, 그 눈 시린 수묵의 풍경은 아직도 뇌리에 생생하게 박혀 있다. 새하얀 길 위에 또박또박 발자국을 남기며 일주문을 들어서자 또다시

가지런하게 놓인 검정색 털신과 하얀색 고무신이 왠지 눈물겹다.

담벼락의 이끼에서 오래된 향기가 묻어난다.

펼쳐지던 깨끗한 설경, 절집 앞마당에선 좀처럼 보기 드문 네모 반듯한 화단들 위로 티 한 점 없는 맑은 눈이 소복소복 쌓여 있었다. 그렇듯 고요한 평화라니… 나는 지금도 겨울 산사山寺 하면 제일 먼저 진관사가 떠오른다. 뒤로는 설송雪松 숲이, 앞으로는 눈 덮인 북한산의 능선들이 장엄하게 둘러싸고 있던 그 숨막히던 진경을.

오래된 향기

이 가을 다시 와본 진관사는 또다른 정취를 안겨준다. 앞마당을 거의 다 차지하고 있는 반듯한 화단에는 잔디가 싱그럽고, 그 옆 화단에는 온갖 화초들이 웃고 있다. 붕어초와 접시꽃과 패랭이는 아직도 한창인데, 그 옆에 수국화, 사계화, 백일홍, 메꽃들이 마지막 씨앗을 갈무리하며 조용히 고개를 숙이고 있다. 비구니 사찰답게 깔끔하고 야무진 스님들의 매무새가 꽃밭에서도 묻어난다.

오래된 낡음이 좋아 내가 특히 좋아하는 독성각도 가을 햇살 아래에서 보니 더없이 고즈넉하다. 댓돌 위에서 기웃거리기만 하던 꼬마친구들이 시키지도 않았는데 불쑥 안으로 들어가 자리들을 잡는다. 분명 오래된 향기에 이끌렸음이다. 그렇다면 오늘 꼬마친구들과의 명상놀이는 독성 나반존자와 함께해야겠다.

절집의 독성각은 나반존자라고 하는 남인도의 성인을 모신 전각이다.

'병으로 고통받는 모든 중생들의 아픈 곳을 어루만져 낫게 해주겠다'는
서원을 부처님께 세우고, 그것을 실천하는 성인이기 때문에 절집마다 독
성각을 따로 모시고 특별한 기도처로 삼고 있다. 그런데 진관사 독성각의
나반존자는 다른 절집의 나반존자와는 좀 다른 모습을 하고 있다. 보통의
나반존자는 흰 머리와 흰 수염의 노인 모습을 하고 있지만 이곳 나반존자
는 특이하게도 매우 젊은 모습으로 조성돼 있는 것이 눈길을 끈다. 조선
후기의 소조 불상으로 독성 조각이 거의 남아 있지 않다는 점에서 문화적
가치 또한 매우 높은 작품이다.

칠성각 뒤란에서

독성각 다음으로 내가 좋아하는 칠성각 뒤란에도 가을은 깊게 드리워
져 있다. 우람한 상수리나무 아래 살찐 산고양이가 절밥을 얻어먹고 있다
가 우리를 보고 후다닥 갈숲 속으로 달아난다. 바위 위엔 사과며 떡이며
나물들이 단정하게 차려져 있다. 스님들이 마음 써서 내다놓은 산짐승들
을 위한 공양이다. 산고양이가 사라지자 이번엔 북한산 때까치들이 사뿐
내려와 음식들을 쫀다. 청설모도 저쪽에서 제 차례를 기다리는 중이다.
아이들은 그 광경을 지켜보느라 숨소리도 내지 않는다. 환경에 대해, 상
생에 대해, 이보다 더 좋은 자연 공부가 어디 있겠는가.
문득 머나먼 이국의 땅에 가 있는, 이제는 어른이 돼 버린 딸아이가 생

각난다. 딸아이도 그날 진관사의 눈 쌓인 풍경을 간직하고 있을까? 너무도 정갈하고 깨끗해서 발자국 남기는 것조차 조심스러웠던… 추억의 장소는 언제나 이렇게 함께했던 사람을 불러내어 가슴을 저리게 만든다.

산의 씨알

점심 공양을 마치고 홍제루를 나서니 계곡의 물소리가 우르르 달려든다. 청량한 물소리 들으며 그냥 여기서 발 담그고 놀고 싶어진다. 조금 아래 '성시산림'에서 풍겨오는 그윽한 다향까지 강렬하게 유혹한다. 하지만 오늘은 꼬마친구들에게 북한산의 깊은 멋을 보여주겠다고 약속했다. 그러자면 제법 멀리까지 산행을 해야 한다. 하긴 진관사 계곡을 물들여놓은 북한산 단풍만한 유혹이 또 있을까만.

산길은 가을 마중 나온 등산객들로 붐비고 있다. 그들 속에 섞여 걷고 싶은 만큼 걷다가 돌아오기, 나의 등산하는 방식대로 할 것이다. 산을 찾는 목적이 반드시 산의 꼭대기에 닿는 것일 필요는 없다. 그저 편안하게 산속에 품기는 것으로도 충분히 즐겁지 않은가. 그런 점에서 산의 중턱이나 골짜기 혹은 아늑한 기슭에 자리잡고 있는 절집이 나에게는 제일 맞춤한 산행 코스다.

나의 이런 산행 방식을 꼬마친구들은 대단히 좋아한다. 산길에서 꾀가 자주 나는 아이들에게는 환영받을 만한 방식이니까. 하지만 걱정할 건 없

다. 일단 친해놓기만 하면 절로 산이 부르는 소리가 들려오고, 점점 산이 그리워져 누가 말려도 찾아가고, 결국엔 정상으로 올라가고야 말도록 돼 있다. 나의 이 심장한 의중을 알지는 못하겠지만 녀석들은 이제 제법 여유 있게 산길을 걷고 있다. 무언가, 산의 씨알 같은 것이 아이들의 몸과 정신 안에서 자라기 시작했다는 증거다. 심심파적으로 시작한 나의 꼬마 친구들과의 절집 소풍이 어느덧 이렇게 여물어가고 있다.

그런데 갑자기 진관사가 재미있는 생각거리 하나를 던져준다. 사람에게 서로 이름이 같다는 것은 얼만큼의 인연일까. 여옥, 봉조, 은경, 주영, 수미. 유명인과 이름이 같은 나의 지인들은 지금 어디서 어떻게 살아가고 있는지…

진관사 계곡을 걷는 오늘 나의 머릿속이 흥미롭다.

● 찾아가는 길

대중교통편 구파발역 3번 출구로 나와 진관사를 종점으로 하는 마을버스 7724번 이용.
자동차편 연신내역에서 송추 방향 대로를 따라가면 기자촌사거리가 나온다. 계속 직진하다 두번째
사거리에서 진관사 팻말을 따라 우회전한다. 잿말길을 따라 조금만 가면 일주문이 나온다. 절집 앞
에 주차장이 있지만 공간이 좁으므로 대중교통을 이용하는 것이 좋다.

● 진관사에서 살펴볼 것들

독성각 희귀한 조선 후기 소조 불상을 모셨는데, 젊은 나반존자의 모습이 특이하다.
칠성각 독성각과 함께 창건 당시의 원형이 잘 보존돼 있는 한 칸 구조의 아담한 전각.
절집 구조 시원하면서도 절제된 마당에서 절집을 바라보면 단아한 절간의 미학이 잘 드러난다.
홍제루 2층 맞배지붕 누각 아래 절로 들어가는 계단이 있는데, 이 계단을 올라서기 전에는 밖에서
절집을 볼 수 없는 구조로 돼 있다. 홍제루 뒤편의 오른쪽 마당에는 절의 오랜 역사를 읽을 수 있는
이끼 낀 초석과 장대석, 주춧돌이 보존돼 있다.

● 주변의 즐길거리

다원 성시산림 전통차를 즐길 수 있으며 다도 강의도 들을 수 있다. 절집 바로 밑에 있다.
승가사까지의 등산로 사람들이 많이 찾지 않고, 거리도 부담이 없어 가족끼리 가볍게 즐길 수 있다.
삼천사까지의 등산로 진관사 계곡에서 삼천사까지 이어지는 등산로는 북한산 등산로 중에서도 특
히 아름다운 산행 코스다.
잿말길 진관사 들머리에서 일주문까지 가는 길로 시골 정취 물씬한 산책로다. 마을버스를 타고 가
다 초소 앞에서 내려 진관사 팻말을 따라 걸으면 된다. 주변의 주말농장도 둘러보면서 천천히 가도
20분이면 절집에 닿는다.

● 문의

진관사 서울시 은평구 진관외동 1번지 | 전화 02-359-8410

전망 좋은 절집

제일 험난하고 먼 소풍 길

1월 마지막 일요일, 작심하고 꼬마친구들을 도봉산으로 이끌었다. 계곡은 하얗게 얼어붙었고, 꼬부랑 산길엔 모롱이마다 잔설이 희끗하다. 꼬마친구들은 그것이 더 흥미로운 듯 다람쥐처럼 달아나며 숨바꼭질놀이를 한다. 덩달아 나의 걸음도 빨라졌다.

1시간 남짓, 잔뜩 움츠러들었던 몸 구석들이 툭툭 풀어지는 소리가 들릴 정도로 열심히 걸었다. 지금껏 다닌 절집 중에서 제일 험난하고 먼 소풍 길이어서 내심 걱정했는데, 오히려 혼자 다닐 때보다 10여 분이나 더 빨리 절집에 닿았다. 꼬마친구들 덕분에 오히려 내가 괜찮은 유산소운동을 한 셈이다.

한두 번씩 꾀를 내긴 해도 산에서는 아이들 걸음이 훨씬 빠르다. 예외 없이 아이들은 자연 속에서 제일 신명이 나는 것 같다. 어른들이 보기에 조금 위험할 것 같아 보이는 상황이 녀석들에겐 오히려 호기심 '땡기는' 놀이판이 되는 것이다.

사실 녀석들이 꾀를 내어주었기 망정이지, 안 그랬으면 내가 훨씬 뒤처져서 따라가는 꼴이 될 뻔했다. 더욱이 아래쪽의 평탄한 길에서는 오히려 꾀를 내던 녀석들이 위쪽의 바위투성이 길로 접어들면서부터는 서로 내기라도 하듯 깡총깡총 저만큼씩 달아나는 바람에 정말 숨깨나 찼다. 방한복에 아이젠까지 덧신고서도 어찌 그리들 날렵한지…

절집 소풍에 흠씬 빠져 있는 상운이야 당연히 걸음새가 가볍지만 비만 때문에 (부모님의 강권에 못이겨) 소풍팀에 합류한 희경이까지도 오늘은 다람쥐처럼 재바르다. 등산로 입구에서 혹시나 하는 노파심에 망월사 길의 가파름을 조금 과장하여 설명해주었고, 특히 희경이의 전의(?)를 살짝 건드려주었는데, 그것이 효과를 발휘한 것 같다. 희경이는 자기 몸이 얼마나 유연한지를 확실하게 보여주겠다며 망월사까지 올라오는 동안 한 번도 뒤처지지 않았다.

작은 금강산

숨이 턱에 닿을락할 즈음 절집 바로 밑에 닿았다. 그럼에도 아스라이 올려다보이는 망월사의 층계식 전각들이 녀석들에겐 마냥 신기해 보이나 보다.

희끗한 잔설을 머리에 이고 거인처럼 웅기중기 버티고 서 있는 도봉의 멋진 봉우리들이 경이롭다.

희끗한 잔설을 이고 거인처럼 웅기중기 버티고 서 있는 도봉道峯의 멋진 바위봉우리들도 경이롭기는 마찬가지. 맨날 쳐다보기만 하던 바로 그 바위 밑에 서 있는 자신의 모습이 대견스럽기도 하겠다. 아이들은 우뚝한 암봉들을 가리키며 '상계동에서 봤네, 전철 타고 의정부 가면서 봤네', 서로 동감의 경탄을 멈출 줄 모른다. 가까이 와서 보니 도봉산이 금강산 봉우리 같다고 한 아이들 말이 전혀 과장이 아니다. 도봉산의 절묘한 바위봉우리들은 금강산의 것과 정말로 크게 다르지 않다. 명산들이 흔히 그렇듯이, 영지가 많은 것도 같고, 그 영지마다 오래된 절집들이 숨어 있는 것도 똑같다. 산의 면적에 비해 이리 많은 절집을 품고 있는 산도 드물 것이다. 오죽하면 도道의 봉우리 산이겠는가! 그런데 이렇게 아름답고 오르기 좋은 산을 코앞에 두고서도 어리석은 사람들이 먼 곳만을 찾고 있다.

명상놀이

절집으로 들어가는 마지막 돌계단에 올라서자 선구禪句처럼 함축된 문구 하나가 눈에 들어온다. '아니 오신 듯 다녀가시옵소서.' 꽤나 문학적인 부탁의 말이다. 언젠가 지리산 어느 절에서 보았던 또 다른 멋진 부탁 글이 생각난다. '추억 외에는 아무것도 가져가지 마시고 발자국 외에는 아무것도 남기지 마시라' 던.

절집을 무슨 관광지처럼 우르르 몰려다니는 구경꾼들의 무례함에 대해 스님들은 이렇듯 부드러운 지적으로 조심을 시킨다. 나의 설명에 갑자기 꼬마친구들의 행동거지가 산고양이처럼 얌전해졌다. 우리도 그럼 아니 온 듯 다녀가 볼까요?

꼬마친구들은 문수굴부터 찾아보기로 의견이 일치됐다. 그 유명한 망월사의 우물바위 앞에서 왼쪽으로 나 있는, 좀은 한적해 뵈는 소롯길이 문수굴 가는 길이다. 그런데 이 길의 멋을 잘 모르는 방문객들은 모르고 그냥 지나치기 쉬운 길이다. 덕분에 뭇 등산객들의 발길로 빤빤해진 망월사의 수많은 갈래길 중에서 제일 사람 흔적이 적다. 그러니 녀석들의 호기심은 당연 그쪽으로 통할밖에.

문수굴은 굴이라기보다 거대한 바위병풍이 만들어놓은 절묘한 틈새라고 하는 것이 옳다. 천년도 더 전부터 눈빛 맑은 스님네들이 들어앉아 깨달음을 구했던 명당 석굴이다. 고려 시대의 혜거, 영소 대사와 조선 시대의 천봉, 영월, 도암 대사의 선맥을 이어서 근대의 명승 만공, 한암, 성월 대사 등 기라성 같은 선지식들이 이곳을 거쳐 갔다. 그리고는 형형한 기운 한줌씩을 남겨두었으리라.

예상했던 대로 아이들은 대번 문수굴에 매료당했다. 권하지도 않았는데 쪼르르 굴 법당 안으로 들어가더니 '명상놀이'를 시작한다. 1분이든 2분이든 자기가 편안하다고 느껴질 때까지만 앉아 있기, 이게 우리 꼬마친구들의 명상놀이다. 절집 소풍을 시작하면서, 행여 산만한 아이들의 정신에

도움이 될까 하고 가볍게 권해본 놀이인데 이젠 다들 10분 정도는 너끈하게 집중을 즐기고 있다. 그런데 오늘은 돌바닥이 너무 차다. 그래 만류를 했지만 녀석들은 아랑곳없이 앉아 있다. 또 경쟁 심리가 발동을 했다.

최고의 조망대

문수굴 옆 바위 사이의 앙증스런 쪽문을 지나면 영산전으로 올라가는 가파른 계단길이 나온다. 바위벼랑 위에 터를 잡은 절집답게 망월사 경내엔 소롯한 돌담길이 많다. 이끼 낀 돌담 끝엔 꼭 앙증스런 쪽문이 달려 있고, 그 쪽문을 지나 좁은 계단을 오르거나 내려가면 다음 전각이 나온다.

영산전으로 올라가는 계단길엔 아직 잔설이 남아 있다. 꼬마친구들에게 난간을 꼭 붙잡게 단속하고 조심조심 올라가고 있는데, 사방에 펼쳐지는 아름다운 풍광이 자꾸만 발길을 머뭇거리게 한다. 특히 계단의 꼭두머리, 영산전 앞뜰에서 내려다보는 풍경은 언제 와 보아도 매혹적이다. 천중선원의 댓돌 위에 가지런히 놓여 있는 고무신 두 켤레, 텅 빈 마당 위를 감돌고 있는 정적, 그리고 손에 잡힐 듯한 바위봉우리들에 감싸여 고즈넉하게 앉아 있는 전각들… 영산전에서는 이 모두가 한눈에 들어온다.

"우와, 멋찌다!"

칼바람에 코가 새빨개진 꼬마친구들이 삼구동성으로 경탄을 연발한다. 그 옛날 수많은 시인 묵객들이 이곳을 찾아와 그랬던 것처럼 녀석들도 나

현대적으로 그린 망월사의 벽화. 세련된 색감과 뛰어난 예술적 표현이 돋보인다.

름대로 풍류를 구가한다. 영산전은 전망 좋은 망월사에서도 최고의 조망대이다. 전각이 지어진 자리가 하나의 작은 산봉우리 꼭두머리이기 때문에 이곳에서의 '바라봄'은 가히 환상적이라 할 만하다. 그러하기에 신라 선덕 여왕은 이곳에다 '월성月城을 향해 기원하는 뜻을 담은 절집' 망월사를 지으라고 왕명을 내렸던 것이리라.

폐부 깊숙이 청량한 산소를 마음껏 들이마시면서 눈으로는 저 아래 중랑천과 상계동 일대, 그리고 의정부 일대의 아스라한 원경遠景을 더듬어 보는 이 완벽한 여유라니! 가까이엔 수백 살 먹은 전나무의 끝가지가, 먼 곳엔 수락산과 불암산의 구불거리는 능선이 모두 하나의 그림으로 시야를 사로잡아 버린다. 기백 넘치는 노송의 용틀임 사이로 손에 잡힐 듯 다가오는 자운봉과 만장봉, 선인봉의 미끈한 바위봉우리들과의 아슬한 만남은 또 어떻고.

언제나 산 아래에서 올려다보기만 했던 바위들, 바로 그 기기묘묘한 암봉 밑에 서서 저 아래를 굽어보는 멋에 꼬마친구들도 흠씬 취했다. 오늘 자신이 해낸 일이 장하고도 장한 듯 얼굴들이 모두 의기양양하다.

고불전으로 고개를 돌리니 오래된 기와지붕 아래, 비질 자국 선명한 흙마당 위로 몸집 작은 박새들이 재재거리며 폴폴 날아다니고 있다. 이 고즈넉한 풍경 속에 좀더 빠져 있다가, 양지 바른 칠성각 뒤편에서 녀석들이 고대하는 '김밥 타임'을 즐긴 다음 망월사의 미로 같은 경내를 천천히 둘러보며 '아니 왔던 듯' 사뿐히 내려가야겠다.

호浩

연然

지之

기氣

오늘 이 높은 절집으로부터 나의 꼬마친구들이 받은 귀한 선물이다.

● 찾아가는 길

대중교통편 지하철 1호선 망월사역에서 내려 신흥전문대 옆 원도봉산 입구에서 도보 1시간 거리.
자동차편 3번 국도 이용, 의정부 호원동 신흥전문대에서 원도봉산 입구로 좌회전하여 등산로를 따라 올라가면 매표소가 나온다. 조금 위에 유료 주차장이 있다.

● 망월사에서 살펴볼 것들

바위우물 관음 영지이며 아무리 가물어도 물이 마른 적이 없다.
낙가보전 망월사의 중심 전각으로 관세음보살을 모셨으며, 이층 구조로 웅장하다.
영산전 전망 좋은 망월사에서도 가장 전망이 좋은 곳이다.
칠성각과 고불전 작지만 제일 오래된 전각들로 낙가보전 뒤쪽으로 길이 나 있다.
위안스카이(袁世凱)의 현판 1891년 도봉산 망월사를 유람하고 가면서 쓴 현판.
혜거 국사 부도 경기도 유형문화재 제122호.

● 주변의 즐길거리

등산로 절집 바로 옆에서 이어지는 포대 능선으로 올라가 만장봉, 자운봉, 선인봉, 주봉 등 도봉산의 수려한 바위봉우리들을 굽어보며 우이동으로 하산하는 괜찮은 등산길을 즐길 수 있다.

● 문의

망월사 경기도 의정부시 호원동 413번지 ㅣ
전화 031- 873-7744

산꽃, 단풍꽃의 축제

그윽한 산사에서 한바탕 축제가 열린다.

600년 된 도토리나무 아래, 천연의 너럭바위 무대 위에서 멋진 공연이 펼쳐진다. 봄이면 흐드러진 산꽃 향기 속에서, 가을이면 타오르는 단풍꽃 속에서 시와 그림과 차와 음악이 한데 어우러지는, 저 낭만의 문화 축제가 열리는 것이다.

멋진 가수들도 오고 무용단도 오고 성악가와 첼리스트도 온다. 다도 시연도 있고 유명한 불모들의 미술 작품과 사진, 염색 작품도 전시된다. 이름하여 산사의 음악 축제. 북한산 깊은 골의 열린 절집 심곡암이 맨 처음 시작한, 대단히 특별하고 새로운 불교 문화 행사이다.

북한산 단풍꽃이 제일 황홀해지는 10월 마지막 일요일, 나의 꼬마친구들과의 소풍은 당연 심곡암으로 정해졌다. 산사의 음악 축제에 초대(?)를 받았기 때문이다.

순한 흙길

국민대 위 등산로로 들어서자 삼삼오오 절집을 찾아가는 사람들이 벌써부터 줄을 잇고 있다. 심곡암 가는 길은 가파르지도 편편하지도 않아서 좋다. 걷는 맛을 즐기며 아이 손잡고 천천히 걸어도 20분이면 닿을 수 있는 순한 흙길이다. 하지만 5분만 올라가면 거짓말처럼 조용하고 멋진 산길이 나온다. 깊은 산골길에서나 맡을 수 있는 진한 숲 내음이 풍겨오고, 다람쥐가 뛰어다니며, 온갖 산새들의 노랫소리가 끊이지 않는다. 올 때마다 느끼지만, 바로 몇 발짝 아래 '삐까번쩍'한 서울의 아파트 숲이 하늘을 찌르고 있는데 도대체 이 깊은 풍경은 무슨 조화 속인지, 신기하기만 하다.

오늘은 빽빽하게 들어선 굴참나무와 떡갈나무, 아카시아 고목들 사이에서 가을이 깊어가는 소리가 들린다. 정말이지 가을산엔 수상한 소리들이 많다. 빠르고 큰 바스락거림은 월동 준비에 바쁜 다람쥐와 청설모의 기척이고, 미세하고 조심스런 바스락거림은 도마뱀의 기척이며, 우수수 합창소리로 들리는 건 동글 말린 갈잎 사이를 지나가는 바람소리이다. 때론 억새풀이 내는 휘파람 섞인 노랫소리도 들을 수 있다.

나의 설명을 단박에 믿어 버린 꼬마친구들은 조심조심 걸어가며 계속

거대한 바위 위의 탑이 마치 고요한 선정삼매에 든 부처님의 뒷모습 같다.

높으면서도 깊은 절, 심곡암의 큰 법당이 울창한 숲에 폭 안겨 있다.

길섶을 살핀다. 덕분에 아이들은 청설모를 두 마리나 발견했고 억새풀도 확실하게 익혔다. 이렇게 가까운 산에 다람쥐가 살고 있을 줄은 정말 몰랐다고, 아이들보다 더 신기해하는 한 젊은 엄마에게 현준이는 점잖게 다람쥐와 청설모의 다른 점을 가르쳐주기까지 했다. 까르르, 어른들과 아이들이 함께 퍼뜨리는 웃음소리가 맑고 상쾌한 가을 하늘 속으로 튕겨 날아간다. 벌써부터 기분들이 고조되었다.

도토리나무와 너럭바위

절집에 이르니 맛깔스런 국물 냄새가 경내에 진동하고 있다. 약수터에선 보살님들이 쫄깃한 국수사리를 채반에 건져 담느라 바쁘다. 오늘 절집을 찾아온 손님들 모두에게 국수를 대접할 모양이다. 금강산도 식후경이라고, 정말 오랜만에 보는 즐거운 잔치 분위기에 꼬마친구들은 모두 입이 벙긋거린다.

버섯 국물에 다진 김치를 얹었을 뿐이지만 아이들은 국수 한 오라기 남기지 않고 맛나게 먹어치운다. 담백하고 순한 맛의 절집 음식이 건강에 좋다는 것쯤 이제 녀석들도 잘 알고 있는 데다, 적당한 운동과 산의 맑은 공기가 식욕을 돋우었나 보다.

이윽고 주지 스님이 너럭바위 위에 올랐다.

"우리 절집에서 제일 높은 곳인 좌선대에 오르면 서울 장안이 한눈에 내려다보입니다. 하지만 바로 요 아래 오르막길을 올라오기 전까지는 아무도 이곳에 절집이 있다는 것을 모릅니다. 높으면서도 깊은 절, 심곡암의 문은 언제나 활짝 열려 있습니다. 절집이라고 어렵게 생각 마시고, 그냥 가벼운 마음으로 자연과 예술 속에 한바탕 시원하게 놀면서 스트레스 싸악 풀고 가시기 바랍니다."

눈부신 가을 햇살 아래 주지 스님의 반가운 인사말이 울려퍼지면서 조용하고 단출했던 경내는 단풍과 예술과 사람들로 꽉 차 버렸다. 그 한가운데, 한 그루의 우아한 도토리나무와 잘생긴 너럭바위가 오늘의 주인공인 양 버티고 있다.

나이가 육백 살이 넘는다는 도토리나무는 촘촘한 황갈색 잎새로 마당의 절반 위에 그림자를 드리웠고, 그 아래 다섯 평쯤 돼 보이는 너럭바위는 일부러 그렇게 만들려고 해도 어려울 것 같은 둥그런 평상 모양으로 멋지게 앉아 있다. 산과 절을 좀 다녀보았지만 이렇게 큰 도토리나무와 너럭바위를 본 적이 없다. 창덕궁과 종묘에서 보호수로 자라고 있는 도토리나무들도 이만큼 크고 잘생기지는 않았다. 너럭바위도 일부러 깎아 만든 것처럼 편평함이 고르다. 이렇게 근사하고 넉넉하고 아름답게 조화되는 무대가 또 있을까 싶은, 천혜의 무대 조건이다. 심곡암이 산사음악회의 효시가 된 이유를 알 것 같다.

유행가 법문

그 아름다운 무대 위에 시방 공연이 한창이다. 소리꾼도 올라가고 춤꾼도 올라가 한바탕 신명난 놀이들을 펼치고 있다. 그런데 갑자기 재미있는 일이 벌어졌다. 사회자가 주지 스님을 불러놓고 애창곡을 부탁한 것이다. 과연 스님이 부르는 노래는 어떤 것일까… 열화와 같은 관중들의 기대 속에 주지 스님은 선선히 마이크를 잡았다. 그런데 뜻밖에도 스님의 입에서 트롯가요가 흘러나온다. 금강경도 천수경도 아닌 〈사랑의 배신자〉다.

얄밉게 떠난 님아~

얄밉게 떠난 님아~

내 청춘 내 순정을 짓밟아 놓고~~

빳빳하게 깃을 세운 장삼을 정갈하게 차려입고, 스님은 참 멋들어지게도 유행가를 불러제낀다. 꿍짝꿍짝, 관객들은 신이 나서 박자를 맞춘다. 중생들의 정서에 눈높이를 내려 맞춘 스님의 하심下心을 알 리 없건만 나의 꼬마친구들도 꿍짝꿍짝, 우쭐거리며 잘도 논다. 정말 보기 드문 절집의 진풍경이다.

주지 스님에 이어 사회자 스님의 애창곡이 소개되자 절집 안은 또 한 번 와르르, 웃음꽃이 피었다. 이번 스님의 애창곡은 '땡초의 순정'이란

심곡암 산신각은 관세음보살이 상주하는 영험스런 굴 법당이다.

다. 〈갈대의 순정〉을 땡초 스님이 부르면 제목이 그렇게 바뀔 수밖에 없
다며, 바람에 나부끼는 땡초들의 순정을 구성지게도 들려준다. 박수와
'앵콜'이 터져나오고, 스님은 준비된 레퍼토리로 화답하고⋯ 덕분에 축
제 분위기는 최고조로 올라갔다. 산사에서 듣는 스님들의 '유행가 법문',
민수의 말마따나 분위기 정말 '짱업'이다.

좌선대

그 웃음바다를 뒤로 하고 천천히 절집 안을 둘러보았다. 꼬마친구들은
예상했던 대로 이 절집에서 제일 높은 좌선대로 우르르 몰려간다. 대웅전
뒤편 오른쪽에 솟아 있는 천혜의 바위 법상이다. 바로 뒤엔 북한산의 형제
봉이 정기를 잇고, 앞엔 서울 동북부 시가지가 시원하게 펼쳐진다.

가을 좌선대에서 내려다보니 단풍 황홀한 산비탈 저쪽에 성북동의 아
파트 숲이 잿빛 희뿌연 모습으로 신기루처럼 둥실 떠올라 있다. 피안에서
차안을 바라보는 느낌이 이럴까, 가슴속이 시원하면서도 묘해진다. 섣달
그믐날을 꼭 심곡암에서 보내고 이 좌선대에서 새해 첫날 해돋이를 본다
는 친구의 마음을 알 것 같다.

좌선대는 명상과 참선을 하기에도 걸림이 없거니와, 일출과 월출의 비
경을 즐기기에도 다시없을 조망대이다.

저 아래, 심곡의 심곡이라 할 수 있는 굴 법당의 관음바위가 신령스러

운 기운을 풍기며 우뚝 서 있고, 너럭바위 무대에선 열창하는 멋쟁이 가수의 머리 위로 도토리나무의 연노란 잎새들이 춤추듯 흩날리고 있다. 오늘만은 부처님도 관세음보살님도 모두 축제 속에 함께하겠지. 지금 이것이 행복이고 기쁨이고 사랑이고, 또한 삶의 여유라고…

북한산의 단풍도 절집의 흥도 모두 절정에 다다른 이 순간, 가을 심곡암의 초현대식 야단법석(野壇法席 : 많은 사람들을 위해 야외에 법단을 차려 놓고 설법을 하는 설법장)이 정말 인상적이다.

● 찾아가는 길

대중교통편 지하철 4호선 길음역 2번 출구로 나와 시내버스 1011, 1112, 7211번(초록) 등을 이용,
국민대 앞 정류소에서 하차. 조금 위 도로변에 있는 북한산 등산로를 따라 도보 20분 거리.
자동차편 길음시장 사거리에서 정릉 방향으로 좌회전하여 국민대 쪽으로 올라가 북악터널 못 미친
오른쪽 지점에 북한산 등산객을 위한 유료 주차장이 있다.

● 심곡암에서 살펴볼 것들

너럭바위와 도토리나무 너럭바위에 앉아 육백 살 된 도토리나무의 정신을 꼭 한 번 느껴볼 것.
좌선대 새해 첫날의 해돋이와 정월 대보름날의 달맞이 장소로 꽤 유명한 곳이다.
산사음악회 봄의 산꽃 축제와 가을의 단풍 축제로 해마다 두 차례 열린다.

● 주변의 즐길거리

형제봉 등산로 절집 바로 밑의 등산로를 따라 북한산 형제봉까지 가벼운 산행을 즐길 수 있다.
성곡도서관과 명원민속관 성곡도서관은 장서가 풍부하며, 명원민속관은 구한말 한성 판윤 한규설
대감의 유택을 이축한 것으로 상류층 한옥의 원형으로 손꼽힌다.
평창동 갤러리 타운 북악터널을 지나 올림피아호텔 앞에서 좌회전 하면 곧바로 가나아트센터를
비롯한 평창동 갤러리 타운이 시작된다.

● 연락처

심곡암 서울시 성북구 정릉3동 산1번지 1호 | 전화 02-914-8860

여섯 빛깔의 살아 있는 전설

승가사 올라가는 산길에서 한 등산객이 말했다. 북한산이 서울 아닌 지방에 있었다면 훨씬 더 알아주는 명산으로 꼽혔을 거라고. 이에 다른 등산객이 말한다. 그럼 그곳은 이미 지방이 아니라 수도 서울이 되었을 거라고. 앞말도 뒷말도 모두 북한산의 빼어남을 찬탄하는 말이다. 나도 두 말에 동의한다. 올라올 때마다 느끼는 것이지만 북한산은 서울 시민의 축복이 아닐 수 없다. 한 고개만 돌리면 거기 우뚝, 정기 맑은 심산이 기다리고 있으니 말이다.

그 북한산 중에서도 최고의 명당 영지로 꼽히는 자리에 승가사가 앉아 있다. 풍광 좋기로 소문난 승가사에서의 내려다봄은 '과연 이곳이 명당이구나' 하는 탄성이 절로 나오게 한다.

무려 1400년, 그 역사만큼이나 이 절집에는 쌓여 있는 이야깃거리도 많다. 그림 같은 절경이야 말할 것도 없고.

승가 대사

신라 경덕왕 대에 수태라는 스님이 있었다. 스님은 당나라에서 생불로 추앙받은 승가 대사의 거룩한 행적을 듣고 몹시 경모하게 되었다. 승가 대사는 인도 출신으로 당나라에서 전법 활동을 펼친 분인데, 자유자재한 기적으로 어려움에 처한 중생들을 구제하는 모습이 관세음보살의 화신을 방불케 한다는 칭송을 받았다.

승가 대사에 대한 경모의 마음은 결국 수태 스님으로 하여금 대사를 기리는 절을 짓게 했다. 스님은 진흥왕이 순수비를 세워놓은 삼각산 비봉 중턱에 절터를 잡았다. 절터를 잡고 보니 제일 좋은 자리를 커다란 바위가 차지하고 있는지라 스님은 이 바위를 뚫어 굴을 만들고, 그 안에 대사의 형상을 새긴 석상을 모셨다. 이로써 승가굴 승가사가 창건되었다.

그런데 참 신기한 일이 일어났다. 살아 있을 때와 마찬가지로 승가 대사의 자재한 능력이 이 승가굴에서 나타나기 시작한 것이다. 이 소문을 듣고 신라 왕족과 귀족들의 발길이 끊이지 않았고, 이때부터 승가사는 나라에 어려운 일이 생길 때마다 왕족들이 참배하여 국태민안을 도모하는 왕가의 원찰로 자리잡게 되었다.

정기 맑은 스님의 걷는 뒷모습이 오롯하다.

석간수의 효험

승가대사상이 봉안된 승가굴에는 사시사철 똑같은 양이 흘러나오는 석간수가 있다. 바위틈에서 흘러나오는 물이 다 그렇듯이 이 석간수는 미네랄이 풍부하고 약효도 뛰어나다.

조선 세종 때 일이다. 세종 대왕의 비 소현 황후는 한때 백약이 무효인 속병으로 고생을 하고 있었다. 그러던 중 한 스님이 권해 올린 승가굴의 석간수를 마시고 마침내 지병을 고치게 되었다. 이때부터 승가굴 석간수의 효험은 더욱더 유명해졌고, 굴의 이름도 이때부터 약사전으로 바뀌게 되었다.

보통 절집의 약사전은 약사여래를 모시는 전각이다. 약사여래는 중생의 질병과 무명을 고쳐주는 부처이므로 사람들이 승가굴을 약사전이라 부른 것은 승가 대사를 약사여래와 동일시했다는 얘기가 된다. 그만큼 승가굴에서의 기도와 약수로 병을 고친 사람들이 많았다는 얘기다.

아무튼 현재의 약사전 승가대사상은 온통 하얀 옷을 입은, 대단히 신령스런 모습으로 앉아 있다. 머리에 두건을 쓴 것이 좀 특이한데 그것은 중국 스님들의 공통된 복장이다. 겨울에 좌선을 하려면 춥기 때문에 중국은 스님들도 두건을 쓴다. 석상 뒤쪽의 광배는 연꽃, 당초, 모란 등의 꽃무늬가 미려하게 새겨진 빼어난 미술 작품이다.

7일간의 기도

약사전 입구 암벽에 있는 可養天神(가양천신)과 굴 안에 있는 靈泉(영천)이란 글씨는 추사 김정희가 직접 새겨놓은 것이다. 이 글씨를 새겨넣을 당시 추사는 승가사 바로 위 비봉에서 발견된 고비석의 비문을 해독하러 와 있었다. 당시까지도 그 비석은 몰자비沒字碑로 사람들의 접근을 금하고 있던 수상한 물건이었다. 약사전에서 7일간의 기도 끝에 그는 결국 글자의 일부를 해독, 묻혀 있던 우리 역사의 한 장을 밝혀내는 공헌을 세웠다. 그 비석이 바로 신라의 진흥왕순수비다.

돌부처님의 암시

약사전 바로 옆에서 시작되는 108계단 위에 벼랑새김 돌부처가 있다. 공식 이름은 마애석가여래좌상이지만 오히려 승가 대사의 화현인 관세음보살로 보는 사람들이 더 많다. 1400년 전 신라 때부터 2005년 오늘까지, 이곳에서 기적을 이뤄낸 사람들은 셀 수 없을 정도다. 오죽하면 '승가사 돌부처님 앞에서 기도하면 한 가지 소원은 꼭 이뤄진다' 는 속설까지 생겼을까.

삼풍백화점 붕괴 사건 때, 승가사에 다니는 한 신도에게 있었던 일이다. 그 신도는 당시 간호사인 첫딸의 결혼을 앞두고 사건이 일어난 1995년 6월 29일 오후, 삼풍백화점에서 함께 혼수품을 고르기로 약속이 되어 있었다. 그런데 쇼핑을 위해 병원을 조퇴하고 막 나오려는 딸에게 갑자기 어머니의 전화가 걸려왔다. 내용인즉슨 몸이 아파 같이 쇼핑을 못하겠으니 다음으로 미루자는 것이었다. 어머니가 아프다는 말에 딸은 급히 집으로 달려갔다. 그런데 어머니는 멀쩡한 얼굴로 꿈자리가 안 좋아서 그랬다고 얼버무린다. 속이 상한 딸은 방으로 들어가 티브이를 켰다. 그런데 이게 웬일인가, 삼풍백화점이 무너졌다는 속보, 딸은 비명을 지르며 달려나왔다. 모녀는 이 극적인 상황에 서로 부둥켜안고 울었다. 어머니는 그제서야 꿈 얘기를 털어놨다. 점심을 먹고 잠깐 소파에서 졸고 있는데, 승가사 돌부처님이 나타나 무엇인가 다급하게 말리는 손짓을 계속했다. 꿈을 깨고 나서 아무리 생각해도 꺼림칙했고, 그래서 그런 거짓말로 딸과의 약속을 취소해 버렸던 것이다. 이 일로 딸은 엄마보다 더 돈독한 승가사 신도가 되었고, 지금도 열심히 다니고 있다.

은행나무 탱화

승가사 각 전각의 후불탱화(불상의 후면을 장식하고 있는 불화)는 아름답다 못해 휘황찬란하다는 평을 듣고 있다. 보통의 절집과는 달리 승가사 후불탱화는 은행나무에 그림을 돋을새김한 다음 금칠을 한 부조 작품이다. 그런데 한두 전각에만 한 것이 아니라 전각 전체를 다 이 목탱으로 후불 장엄을 해놓았다.

108 계단 위의 벼랑새김 돌부처님. 이 부처님께 기도를 올리면 소원 하나씩은 꼭 이루어준다고 한다.

승가사의 목탱은 3명의 불모佛母가 8년간에 걸쳐 이루어낸 대작 불사다. 지금으로부터 30년 전, 불모 김광한, 광열, 광복 삼형제는 8년 동안 절집에서 스님들과 숙식을 같이하며 이 불사를 완성했다.

위의 두 형은 결혼하여 가족까지 있었지만 한 번도 집에 가질 않았고, 막내는 혼기마저 묻었다. 오로지 기도하는 마음으로 작업에만 매달린 채 8년을 보냈다.

벌레가 먹지 않는 은행나무를 구하기 위해 전국 곳곳을 수소문한 끝에 200여 그루를 구입, 일일이 다듬고 새기고 이어붙여 작품을 완성해낸 이들의 노력은 스님들까지 감동한, 살아 있는 전설이다. 지극한 불심만이 빚어낼 수 있는.

명당 중의 명당

오래전 승가사에 처음 갔을 때의 일이다. 그때 나는 승가사에 대한 사전 지식이 없었고, 당연히 어떤 선입견도 갖고 있지 않았다. 대웅전 오른쪽 뒤편 산신각을 구경하고 있는데 한없이 정신이 맑아지는 느낌이 들어 나도 모르게 산신각 안으로 들어가 자리를 잡았다. 무언가 신선한 기운이 충전되는 것 같은 확연한 느낌, 그것은 정말 충격이었다. 같이 간 친구 역시 그런 느낌을 받았는지 산신각 터가 보통 자리가 아닌 것 같다는 말을 몇 번이나 곱씹었다. 나중에야 그 자리가 풍수들이 꼽는 명당 중의 명당

이라는 말을 듣고 얼마나 신기했는지 모른다. 그 이후로 나는 승가사 산신각 자리를 종종 찾는다. 충전이 필요할 때마다.

믿거나 말거나, 천년 고찰 승가사에는 불가사의한 일들이 많이 일어났다. 호랑이 담배 피던 옛날에도 그랬고, 핸드폰으로 영화 보고 시장 보는 현대에도 그렇다. 그러나 그 불가사의는 분명 사람이 만든 것이고, 또한 사람을 위한 것이다. 아니 꿈꾸는 사람들이 만든 것이고, 또한 사람들의 꿈을 위한 것이다.

절집을 찾을 때, 그 아름다운 경관 찬탄만 하지 말고, 어째서 그곳이 그리도 아름다운지, 어째서 그 아름다움이 그리도 오랫동안 유지될 수 있었는지, 한 번쯤 마음의 눈으로 찬찬히 들여다보았으면 좋겠다. 특히 아이들과 함께 갔을 때.

● 찾아가는 길

대중교통편 광화문 교보빌딩 앞에서 0212번 버스를 이용, 승가사 입구에서 하차. 승가사 팻말 있는 등산로를 따라 도보 30분 거리. 승가사 등산로 초입의 건덕빌라 옆 러시아대사관저 앞에서 절집까지 실어다 주는 승합차 이용 가능. 오전 7시부터 오후 3시까지 1시간마다 운행.

자동차편 세검정길에서 구기터널 쪽으로 가다 왼쪽 이북5도청 방향으로 진행하면 승가사 팻말이 나온다. 이곳에서 좌회전하여 건덕빌라와 러시아 대사관저 앞으로 나 있는 등산로를 따라 계속 올라가면 일주문이 나온다. 경내에 주차장이 있다.

● 승가사에서 살펴볼 것들

마애석가여래좌상 보물 제215호. 고려 초기 때 조성된 것으로 절 뒤편 108계단 위에 있다.

승가대사상 보물 제1000호. 고려 현종 15년 지광 스님이 동량이 되고 광유 등이 조각한 초상 조각으로 고려 초기의 특징을 잘 나타내고 있는 손꼽히는 작품이다. 약사전에 있다.

약사전 승가대사상이 봉안돼 있는 곳으로, 추사 김정희가 직접 새겨놓은 글씨가 있다.

호국보탑 1987년에 시작, 1994년 완성한 9층 석탑으로 민족 통일의 염원을 담고 있다. 인도 정부가 공식 기증한 부처님 진신사리 1과가 봉안된 매우 아름다운 탑이다.

산신각 무언지 모를 좋은 기운이 느껴지는 명당 중의 명당이다.

● 주변의 즐길거리

북한산 등산로 승가사의 바로 위에 있는 승가봉을 거쳐 비봉 등으로 갈 수 있다.

진흥왕순수비와 유지비 승가봉에서 서남쪽 800미터 거리인 비봉에 있다. 지금은 국립중앙박물관으로 옮겨가고 그 자리에 유지비를 세워놓았다.

사모바위 승가사 바로 위에 있는, 북한산에서 가장 전망 좋은 곳이다.

● 문의

승가사 서울시 종로구 구기동 산1번지 | 전화 02-379-2996

단애 위의 법당

　　겨울 바람 쌩쌩한 12월 방학날, 절집으로 가는 꼬마 소풍단들은 벌써부터 신이 났다. 절 초입에 조성돼 있는 동막골유원지의 체육 시설에서부터 벌써들 활력이 넘쳐난다.

　　"이 동막골이 영화에 나오는 그 동막골, 맞드래요? 안 맞드래요?"

　　아니라고, 둑을 쌓아 막아놓은 골짜기가 있는 시골에서는 지역마다 '동막골'이라는 동네가 하나씩 있을 정도로 우리나라에선 흔한 지명이라고, 벌써 몇번째 가르쳐주고 있는데도 녀석들은 같은 질문을 되풀이한다. 이렇게 정겨운 지명이 우리 서울 안에 있다는 게 아무래도 신기한 모양이다.

　　이윽고 체육 기구들을 모조리 섭렵한 녀석들은 우르르 수암사 팻말이 가리키는 오른쪽 소롯길로 앞서거니 뒤서거니 쫓아가다가, 금세 산모롱이 저쪽으로 몸을 숨겨 버린다.

"선생니임, 형아들이 절집까지 가는 동안 숨바꼭질하면서 올라가면 무지 재밌겠대요. 그래도 되죠? 예에, 그럼 선생님이 먼저 우릴 찾아보세용."

민수가 지 마음대로 나를 술래로 정해주고는 쏜살같이 또 한 모롱이를 넘어간다. 녀석들은 너럭바위와 졸참나무와 상수리나무 뒤에 몸을 붙였을 것이다. 나는 짐짓 모른 체 잽싸게 지나쳐 간다. 애들이 다 어디로 갔지? 그새 다 올라갔나? 그리고는 사철나무인 노간주나무 뒤에 몸을 숨기고 녀석들을 기다린다.

그 옛날의 숨바꼭질

산길 숨바꼭질은 술래가 따로 없다. 먼저 숨은 사람을 속이고 살금살금 그 옆을 지나 몰래 저만큼 올라가서는 오히려 '니가 날 찾아봐라' 하고 서로 약을 올리며 계속 전진해 나가는 게임이다. 들키지 않고 목적지에 먼저 도착하는 사람이 이기는 것인데, 어렸을 적 나는 이 놀이의 명수였다. 가쁜 숨을 몰아쉬며 나를 기다리고 있는 동무들 뒤에서 '짠' 하고 나타나 모두를 놀래줄 때의 그 짜릿한 맛이라니! 그런데 오늘은 서울에서, 더구나 서울 토박이 아이들과, 그 옛날 땔나무 주우러 다니면서 했던 놀이를 하고 있다.

언제나 느끼는 것이지만 아이들은 자연 조건에 정말 익숙하다. 어른들

수 암 사

이 간섭만 하지 않는다면 어떤 조건이든 그것과 금방 동화돼 버린다. 내가 아무 설명을 해주지 않았음에도 아이들은 지금 이 산길이 주는 편안한 맛을 이미 몸으로 느껴 알고 있다. 평탄하고 모롱이가 많은 이런 산길은 길을 걷는 것 자체가 바로 숨바꼭질 놀이이니 말이다.

그런데 어른인 나는 체험과 추억으로 수암사 가는 산길을 즐기고 있다. 산모롱이마다 왠지 낯익은 것 같은, 익숙한 품속에 포옥 싸안기는 것 같은, 어렸을 적 동무들과 땔나무 주우러 올라가던 우리 동네 뒷산에 온 것 같은, 빼어난 절경도 신령스런 고목도 없지만 그래서 더 편하고 자유로운 풍경들. 잔설 희끗한 산비탈엔 갈덤불이 아무렇게나 엉켜 있고, 골짜기의 얼음바위들이 보석처럼 반짝거리고 있는, 우리 할아버지의 할아버지의 할아버지 적부터 언제나 '우리 동네 뒷산' 으로 있어온 이 소박한 풍경 속을 걷는 맛이 얼마나 안온하고 정겨운지 모르겠다.

때죽나무의 시련

아이들은 기어이 내 손을 잡아끌고 개울로 내려간다. 야트막한 소沼의 반짝이는 얼음판을 도저히 그냥 지나칠 수 없었나 보다. 녀석들은 이번에도 어렸을 적 나의 동무들이 했던 것처럼 서로 밀치거니 붙잡거니, 서툰 얼음지치기를 즐긴다. 그러다 나동그라지면 등허리가 알알해질 때까지 드러누워 가없이 투명한 창공 들이마시기를 한다. 얼마 만인가! 이렇게 편안한 마음으로 눈 시린 하늘 본 것이. 아이들의 표현처럼 한없이 상쾌하고 신선하고 그리고 편안한 명상이다. 조금 과장한다면 와선(臥禪: 누운 자세로 하는 참선 수행)이라고나 할까. 휴일이지만 수암사 가는 길은 비교적 등산객들이 적게 찾는 코스라 방해꾼도 없다. 개울 얼음 위에 누워서 시린 하늘 마시기, 정말 뜻밖의 재미가 아닐 수 없다.

계곡을 비켜서자 길은 이제 조금씩 가팔라지기 시작한다. 하지만 험한 데가 없어 조금도 숨이 가쁘지 않다. 그냥 굳은 몸을 풀어주기에 딱 알맞은 산길이다. 길가의 나무들엔 굴참나무, 개암나무, 난티잎나무, 작살나무 등의 이름표를 달아놓아 나의 꼬마친구들에게 친절한 길잡이 노릇까지 해준다.

다시 한 모롱이를 지나자 민수가 자신 있게 한곳을 가리킨다. '저곳에 절집이 있을 것 같다'고. 하지만 천만에, 그곳에선 공룡알처럼 둥글고 거대한 바위가 밑부분이 가로로 쩍 갈라진 채 금방이라도 흔들흔들 굴러떨어질 것 같은 앉음새로 떡 버티고 앉아 아이들을 맞아준다.

그런데 지금 나의 꼬마친구들의 관심은 바위가 아니다. 거대한 바위 틈새에 뿌리를 내린 채 온몸으로 바위를 지탱하느라 아예 땅을 향해 비스듬히 누워 있는 형국의 한 그루의 늙은 나무, 아니, 오히려 바위의 위태로운 앉음새를 받쳐주기 위해 사력을 다하고 있는 듯한 그 나무를 아이들은 보고 있다. 때죽나무다. 늦봄에 하얀 꽃이 피고, 천렵 때 그 열매를 찧어 시냇물에 풀면 은어랑 송사리가 맥을 못추고 물 위로 떠오를 정도의 독성을 지녔다. 검은색 매끈한 껍질에 잔가지가 많고 목질은 질기며 나이테도 뚜렷하지 않은, 별 쓸모없는 잡목인지라 주로 겨울철 땔감에 많이 쓰였다. 그 때문에 때죽나무 고목은 우리나라 산에서 특히 흔치가 않다. 하지만 조랑조랑 매달려 피는 하얀 꽃과 초록 열매가 얼마나 청초하고 소박한지, 묘목 때부터 가지를 쳐주면서 키우면 정원수로 손색없을 것 같은 우리 토종 나무다. 그런데 지금 이곳의 때죽나무는 자리를 잘못 잡았다. 이렇게 고목이 될 때까지 버텨오느라 얼마나 힘이 들었을까.

나의 설명에 꼬마친구들은 모두 두 손을 모으고 때죽나무에게 절을 올린다. 50년이든 100년이든, 몹시도 고단했을 그 삶에 묵묵히 순응해오신 것에 진심으로 경의를 표한다고.

단애 위의 수행처

다시 한 모롱이를 돌아서자 꼬마친구들은 꿈쩍 놀라 걸음들을 멈춘다. 아스라한 돌계단 위에서 처마 끝만 조금, 예상치도 않은 절집이 불쑥 모습을 나타낸 것이다.

"하아! 저렇게 높은 곳에 있는데 어째서 밑에서는 보이지가 않았지?"

"꼭꼭 숨어서 스님들 공부하시기 참 좋겠다!"

"숨어 있기는, 저렇게 높은 데서는 훤하게 다 보일 텐데."

연약해 보이는 때죽나무가 거대한 바위의 위태로운 앉음새를 받쳐주기 위해 사력을 다하고 있는 듯하다.

아이들의 말이 아니라도 수암사 절터는 스님들 사이에서 절묘하기로 이름난 수행처다. 신라 진평왕 때 원광 국사가 자신의 수도처로 창건했고, 이후 오랫동안 비구니 스님들이 수도하던 절집이다. 그러나 전란으로 폐사가 된 것을 1962년 도욱 스님이 어렵사리 불사를 이루어 오늘의 수암사를 재창건했다. 사시사철 수량의 변화가 없는 물과 천혜의 바윗굴을 갖추고 있는, 빼어난 기도 도량의 맥을 되살려낸 것이다.

수암사는 계곡과 능선을 따라 꼬불꼬불 올라가는 산길의 어디에서도 절집이 숨어 있을 만한 데를 종잡을 수 없다. 그렇다고 길이 먼 것도 아니고, 절집이 꽁꽁 숨어 있는 것도 아니다. 정작 절집은 노원구 일대가 훤히 내려다보이는, 탁 트인 단애 위에 시원하게 앉아 있다. 그럼에도 절집 턱밑까지 가 닿기 전에는 그 앉은 터를 짐작조차 할 수 없게 만든다. 그것이 수암사 찾아가는 재미를 더해준다. 사실 절집 그 자체도 좋지만 절집으로 가는 산길은 또 얼마나 우리를 즐겁게 하는가. 특히 태어나 지금까지 도회 속에 살고 있는 서울의 아이들에겐 이렇게 오밀조밀한 산길 걷는 공부가 정말 필요한 정신의 자양이 될 수도 있음을… 단애 위 절집을 쳐다보는 꼬마친구들의 경외감 넘치는 눈길이 그것을 말해주고 있다.

가슴이 뻥 뚫려요

우리는 일단 약수로 목을 축인 다음 작심하고 돌계단을 밟았다.

"내가 분명히 말하겠는데, 이 돌층계는 충무로전철역 에스컬레이터와 높이가 비슷하고, 길이는 훨씬 더 길다!"

민수의 발견에 또 한 번 웃음보를 터뜨리며 조심조심 층계 끝에 다다랐다. 건물은 의외로 단출하다. 대신 수락산의 남동쪽 일대가 모두 이 작은 절집으로 통하는 듯, 눈앞의 경관이 확 트여 있다. 왼쪽엔 불암산이, 오른쪽엔 도봉산이, 그리고 그 가운데 노원구 일대가 훤하게 내려다보인다. 휑한 대웅전 앞마당엔 용틀임 모습의 오래된 적송 한 그루가 이 절집의 옛날을 말해주며 장엄하게 서 있을 뿐, 걸리는 건 아무것도 없다.

꼬마친구들과 나는 마치 약속이라도 한 듯 뒤돌아서서 저 아래로부터 불어오는 칼바람을 맞았다. 왠지 그래야만 될 것 같아서 입이 찢어지도록, 폐부가 시리도록, 큰숨을 들이마셨다. 시원하고 후련하다 못해 통쾌한 느낌, 머릿속이 얼얼해져 왔지만 그것 또한 좋다. 선생님, 가슴이 뻥 뚫리는 거 같아요! 그렇구나, 나도 너희들처럼 지금 가슴이 뻥, 뚫리고 있구나.

승천하는 용 새김

대웅전 안으로 천천히 발길을 돌리는데 오른쪽 미륵입상 뒤편, 병풍처럼 둘러선 암벽 한곳에 승천하는 용 새김이 눈에 들어온다. 부처도 보살도 아닌 용이라니, 보통의 절집에선 보기 드문 벼랑새김 작품이다. 누가 무엇 때문에 새겼는지, 절집의 기록이 남아 있지 않으니 짐작도 되지 않지만, 예사롭지 않은 용의 꿈틀거림으로 보아 사연 깊은 작품임은 분명해 보인다.

왼쪽 뒤편으로 돌아가니 그 유명한 수암사 약수바위가 반겨준다. 가물 때나 장마 때나 늘상 같은 양의 석간수가 흘러나온다는 천혜의 바윗굴. 수암(水岩: 물이 나오는 바위)이란 절 이름이 바로 이 바윗굴에서 비롯되었고, 한 천년 전쯤에는 신라 고승 원광 국사가 홀로 들어앉아 벽바라기 하고서 도를 닦은 바로 그 장소이다. 이제 그 바윗굴은 약간의 인공이 가미되어 아름답고 널찍한 석굴 법당으로 장엄되어 있다.

사시사철 마르지 않는 바위샘과 용틀임 모습의 노송, 그리고 승천하는 용. 수암사의 이 셋은 아무래도 서로 깊은 상관이 있는 것만 같다. 그 옛날 천년 전, 단애 위의 이 아스라한 터에서는 과연 무슨 일이 있었던 것일까? 혹시 천년 묵은 진짜 용이 이곳에서 승천을 한 것은 아닐는지… 하지만 절집 안은 인기척 하나 없이 조용하다.

석굴 법당 위쪽, 이 높은 절집에서도 제일 높은 삼성각에서 우리는 다시 한 번 '내려다봄'의 무아지경에 빠지기로 했다. 와아하! 무엇이 그리도 쌓였던 것인지, 꼬마친구들이 좋아라고 먼저들 달려 올라간다.

● 찾아가는 길

대중교통편 지하철 4호선 당고개역 1번 출구로 나와 시내버스 33-1번을 이용, 동막골유원지 입구에서 하차, 동막골유원지에서 체육 공원을 지나 수암사까지의 산길은 도보로 30분 거리.

자동차편 지하철 4호선 당고개역에서 남양주로 넘어가는 덕릉고갯길로 조금 가다가 동막골유원지 입구에서 좌회전하여 유원지 안으로 들어가면 체육공원 오른쪽에 수암사 팻말이 나온다. 차는 유원지 주차장에 세워놓고 절집까지 걸어가야 된다.

● 수암사에서 살펴볼 것들

벼랑새김 용 절집에서는 흔치 않게 승천하는 용의 형상이 대웅전 오른편 암벽에 새겨져 있다.
용틀임 형상의 소나무 크지는 않지만 서 있는 자리와 나무의 모양이 참으로 신기한 노송이다.
바위약수와 굴 법당 수량이 변하지 않고 물 맛도 좋은 석간수가 법당 바로 앞에 있다.
삼성각 높은 절집 수암사에서도 제일 높은 곳.
해우소 서울 근교 절집에서는 보기 드문 완전 재래식 화장실로 자녀들과 한 번쯤 볼일을 보는 것도 좋은 자연 공부가 될 듯.

● 주변의 즐길거리

동막골 체육 공원 웬만한 체육 시설과 휴식 공간이 갖춰져 있다. 절집으로 올라가는 초입에 있다.
수락산 등산로 내원암과 흥국사로 이어지는 등산로로, 길이 험하지 않고 바위봉우리가 아기자기해 어린아이들과 함께 걷기에 좋다. 어느 방향으로 하산해도 버스를 이용, 10~20분 만에 전철역까지 갈 수 있다.

● 문의

수암사 서울시 노원구 상계4동 산154-1 | 전화 02-381-5388

호랑이 산세야 물러가라

조선을 세운 태조 임금이 한양을 도읍지로 정하고 궁궐을 짓고 있을 때였다. 밤마다 태조 임금은 똑같은 꿈을 꾸었다. 반은 호랑이고 반은 사람 모양을 하고 있는 이상한 괴물이 나타나 지어놓은 궁궐을 모두 박살을 내놓고 가는 꿈이었다. 그런데 더욱 이상한 것은 그런 꿈을 꾼 다음날 현장에 나가보면 실제로 지어놓은 궁궐들이 모두 허물어져 있는 것이었다. 그러니 벌써 몇 달이 지났건만 궁궐은 조금도 올라가지 못한 채 제자리걸음을 하고 있었다.

현장의 목수들을 다그쳐보기도 하고, 군졸들을 시켜 밤마다 파수를 서게도 했지만 도무지 그 영문을 알 수가 없었다. 오직 한 가지, 궁궐이 조금 지어지기만 하면 어김없이 반호랑이로 보이는 괴물이 화등잔만한 눈을 부릅뜨고 달려와서는 눈 깜짝할 사이에 박살을 내 버리고 유유히 사라지는 이상한 꿈을 임금이 계속 꾸고 있다는 것이었다.

생각다 못한 태조 임금은 자신에게 한양을 도읍지로 하라고 가르쳐준 무학 대사를 불러 꿈 이야기를 털어놓고 묘안을 구했다. 풍수지리에 밝은 무학 대사는 이미 그런 일을 짐작하고 있었다는 듯 껄껄 웃었다. 대사는 궁궐 쪽에서 마주 쳐다보이는 한강 남쪽의 산봉우리 하나를 가리키며 태조에게 잘 살펴보라고 했다.

태조 임금은 깜짝 놀랐다. 산봉우리 모양이 꼭 포효하는 호랑이의 머리처럼 생겼던 것이다. 그런데 자세히 살펴보니 산 전체의 형상이 마치 한 마리의 호랑이처럼 앞발을 들고 일어서서 이쪽을 향해 금방이라도 달려들 것 같은 태세를 하고 있는 게 아닌가.

이에 무학 대사가 대답했다. 저 산은 관악산의 봉우리들인데, 산봉우리의 바위가 호랑이처럼 생겨서 호암산이라고 부른다, 그런데 생긴 모양만 호랑이를 닮은 게 아니라 땅 기운도 꼭 호랑이처럼 거칠고 강해서 마주보이는 이쪽 대궐의 앉은 자리를 크게 위협하고 있는 바, 하루 빨리 저 산의 기운을 누그러뜨려야 한다고.

듣고 보니 일리가 있는지라 태조 임금은 대사에게 그 방법을 가르쳐주기를 간청했다. 대사는 자신 있게 대답했다. 제 아무리 백수의 대왕이라지만, 호랑이는 꼬리를 밟히면 꼼짝 못하는 짐승이니 그 꼬리 부분에 해당하는 지점에다 절을 짓고 불력佛力으로써 산의 기운을 제압하면 만사가 순조로울 것이라고.

　태조 임금은 다음날로 당장 무학 대사에게 명을 내려 호암산 호랑이의 꼬리 지점에 비보(裨補: 도와서 모자람을 채움) 사찰을 짓게 했다. 이에 무학 대사는 지금의 자리에 급히 불사를 이루고, 절 이름을 호압사虎壓寺라고 지었다. 그 이후부터 궁궐 공사는 순조롭게 진행이 되었고, 조선 왕조 500년의 역사가 시작되었다.

만삭의 개호랑이

　'호랑이[虎]를 누르고[壓] 있는 절집'으로 소풍을 간다는 말에 아이들의 호기심은 두 배로 고무되었다. 호암산 호압사, 으리으리한 일주문을 들어서자 녀석들은 이 이상한 절집 이름의 흔적을 찾아보겠다고 우르르 달음박질을 친다.

　녀석들에게 관악산의 두 봉우리인 삼성산과 금주산에 걸쳐 호랑이 형상으로 뻗어 있는 호암산의 활기찬 기운을 마음껏 느껴보게 하고, 종주까지는 못하더라도 해발 315미터 지점에 있는 신비로운 한우물과 석구상을 꼭 보고 싶어하게 만들려는 나의 작전이 맞아든 것 같다. 오늘은 호압사를 거쳐 호암산 정상까지 등산을 하기로 꼬마친구들과 약속을 하고 왔던 터였다.

　아카시아 향내 그윽한 산길은 10분도 안 돼 끝났다. 그래도 아쉬울 건

없다. 아카시아 달콤한 향기는 제 먼저 올라와 절집을 가득 채우고 있으니까.

다른 절도 그렇지만 호압사는 아카시아 철에 꼭 한 번 와볼 만한 곳이다. 자연의 양 기운이 최고조에 달하는 때(역리가들은 그때를 아카시아 꽃이 필 무렵이라고 함), 그 양의 기운이 너무 세어 비방까지 당한 호암산에 한 번 올라본 사람들은, 아무리 무딘 사람이라도 무언지 모를 충만감을 느꼈다고 입을 모은다.

절집이 멀리 있을까 봐 조바심이 났던 녀석들은 으흐흥, 호랑이에 대한 단서를 서로 먼저 찾아내겠다며 우르르 절집 안으로 몰려간다. 하지만 호압사는 둘러볼 전각조차 몇 안 되는 단출한 절이다. 무시시한 이름답지 않게 경내는 소박하기 짝이 없다. 녀석들은 실망을 감추지 못하며 느티나무 아래에 퍼질고 앉는다.

"못 찾겠다 꾀꼬리, 호랑이 꼬리, 도대체 호랑이 꼬리는 어디에 있남요?"

무언가 더 내놓으라는 성화, 나의 작전이 맞아들었다. 이제 산 정상부에 있는 석구상과 한우물 카드를 내밀기만 하면 된다. 비전秘傳의 풍수이론이야 아이들이 이해할 수 없겠지만 그것이 구현된 역사의 현장은 좋은 체험이 될 것이므로. 그리고 이 봄날의 넘치는 자연 기운도 아이들에겐 정신의 비타민이다. 그때 민수가 버럭 외친다.

위풍당당하고 신령스러운 두 그루의 느티나무는 수령이 호압사 창건과 맞먹는다.

"개호랑이다!"

약사전 뒤로부터 어슬렁어슬렁 걸어나오는 만삭의 진돗개를 보고 아이들은 그만 웃음보가 터졌다. 배부른 어미개의 걸음새가 호랑이 못지않은 위엄을 갖추고 있었던 것이다.

호랑이 대신 나타난 개를 보고 아이들은 금방 놀이를 찾아냈다. 개는 500년 수령의 커다란 느티나무 그늘에 널브러져 아이들에게 몸을 내맡긴 채 졸기 시작한다. 무수히 많은 신록의 느티나무 잎새들이 반짝반짝, 아카시아 향기 실은 봄바람에 빛난다. 저 아래 시흥의 아파트 단지가 신기루처럼 어른거리는, 참 기분 좋은 봄날이다.

두 그루의 느티나무

그 풍경을 보고 있자니 갑자기 두 그루 느티나무의 정체가 궁금해진다. 위풍도 당당하려니와 생긴 모양이 신령스럽기 그지없는 이 느티나무들은 수령이 호압사 창건과 맞먹는 관록들을 지녔다. 이 나무들만으로도 호압사를 호압사이게 하는 충분한 조건이 될 정도로.

본래 느티나무는 잎새나 꽃, 향, 열매가 그리 뛰어나지는 않으면서 목질이 유난히 무겁고 둥치가 큰 대목大木이라 옛부터 집 안의 정원수로는 잘 쓰지 않고, 주로 길가나 마을 어귀 등에 심어 정자 나무로 삼거나 가구의 목재로 쓰던 수종이다.

그런 나무를 절집 본전 앞마당에, 그것도 넓지도 않은 마당에다 두 그루씩이나 심어 절집을 온통 가릴 정도의 위용으로 500년 동안 버티고 서 있게 했다. 게다가 이 절집에선 약사전이 본전이다.

이로써 유추해볼 수 있는 것, 풍수에 의한 비보 사찰로서 절집을 세웠다면 느티나무 역시 비보의 뜻으로, 그러니까 호랑이 꼬리가 움직이지 못하도록 못을 박는 의미로 심은 것은 아닐까.

건물로 호랑이 꼬리를 누르고, 느티나무로 못을 박아 옴쭉도 못하게 했으니 절이 호랑이(산)에게 해코지를 한 것은 분명한 일일 터, 그래서 치유의 약사여래를 모시는 약사전을 본전으로 하여 그 아픔을 덜어주려 한 뜻은 아닐지…

자비의 불가에서 이름으로나마 동물 학대의 뜻을 담고 있는 것이 미안해서, 아니 동물 학대의 뜻을 담아 절집을 세운 그 자체가 미안해서 말이다. 그러고 보니 호랑이를 달래기 위해, 호랑이의 먹잇감으로 만들어 세웠다는 석구상(石狗像, 돌개)이 산 정상부 한우물 옆에 남아 있는 것도 그런 생각에 확신을 실어준다.

좋은 땅을 찾고, 그 땅의 조건에 맞춰 집을 지음으로써 자연과의 조화를 이뤄온 것 못지않게 우리 조상들은 땅의 좋지 않은 조건에도 그 모자람을 채우고 도우는 방법을 찾아내 지혜롭게 활용할 줄 알았다는 것, 호암산은 그러한 비보풍수의 지혜를 고스란히 보여주고 있는 곳이다.

신라의 도선 국사에서 비롯된 비보풍수는, 오늘날 지구상에서 자행되고 있는 자연 환경 파괴와 그로 인한 지구온난화현상 등 인간 생존과 직면한 환경 문제가 세계 인류의 공통 과제가 되고 있는 시점에서 볼 때, 대단히 앞선 생태주의적 통찰이 아닐 수 없다.

비보풍수는 지구를 환경과 생물로 구성된 하나의 유기체 즉 살아 있는 생명체로 보는 '가이아 이론'과 닿아 있는데, 이 가이아 이론이 서양 과학계에 처음 등장한 것이 1978년 영국의 과학자 J. 러브록에 의해서이니 말이다.

이래저래 꼬마친구들에게 들려줄 얘깃거리가 풍성해졌다. 먼 미래를 살아갈 아이들에게는 자연과의 친화 못지않게 자연과 조화롭게 사는 지혜도 길러줘야 하므로.

석구상

호압사에서 좀 이른 점심을 얻어먹고, 우리는 본격적인 등반길에 올랐다. 녀석들은 이번에는 진짜 호랑이처럼 생긴 산봉우리를 보고야 말겠다며 발걸음도 가볍게 등산로를 오르기 시작한다.

"선생님, 이번엔 제발제발 우리를 실망시키지 말아주세용."

그래, 결단코 그런 일은 없을 거다. 호랑이는 보이지 않겠지만 호랑이를 닮은 활기찬 기운만은 흠뻑 맛볼 수 있는 산이니까. 그 꼭대기에 호랑이 먹이 석구상과 신라 시대 때 만들어진 산꼭대기 한우물의 신비가 기다리고 있다. 우리 조상들이 천년도 더 전부터 얼마나 우리의 자연 환경을 지혜롭게 활용해왔는지를 알 수 있는 증거물들이 말이다.

● 찾아가는 길

대중교통편 지하철 1호선 시흥역에서 마을버스 1번 이용, 호압사 입구에서 하차. 도보 10분 거리.
지하철 2호선 서울대입구역에서 5412번 시내버스 이용, 호압사 입구에서 하차. 도보 10분 거리.
자동차편 시흥역에서 시흥대로를 타고 시흥2동 벽산아파트 단지까지 가면 오른쪽에 일주문이 보인다. 주차장은 절집 바로 밑에 있다. 서울대 쪽에서 시흥으로 통하는 산복도로를 이용하면 터널 못 미쳐 바로 왼쪽에 일주문이 나온다.

● 호압사에서 살펴볼 것들

석조약사불좌상 호압사의 본전인 약사전에 모셔진 불상으로 소매 주름과 가슴 띠 등이 조선 초기 양식을 보이고 있다. 서울시 문화재 자료 8호.
느티나무 수령 500년의 고목으로 대단히 신령스런 모습으로 가지를 뻗고 있다.

● 주변의 즐길거리

호암산 등산로 호압사 바로 뒤에서 시작, 호암산 정상을 거쳐 신림, 시흥, 서울대 입구 등으로 하산할 수 있는 등산로가 여러 갈래 있다. 어느 길이든 2시간 정도 소요되는데 산 정상인 국기봉에서 신선고개→철쭉동산→서울대 입구로 하산하는 길이 제일 한적하다.
호암산성 호암산 능선을 따라 걸으면 석구상이 있는 곳과 한우물에서 헬기장을 지나 절벽 있는 데까지 가는 300미터 정도의 길에 성벽의 흔적이 남아 있다.
한우물 호암산 정상에 있는 거대한 우물(길이 22미터, 폭 12미터). 통일신라 때 처음 만들어졌으나 조선 초기에 다시 만들어졌다. 천정, 용복, 용초라고 불렸으며, 가물 때 기우제를 지내거나 전시에 군사용으로 쓰였다.
석구상 호압사 창건 당시 도성 쪽을 노려보는 호랑이를 달래기 위해서 (먹잇감으로) 개 모양의 석상을 세웠다고 전해진다. 한우물 근처에 있다.

● 문의

호압사 서울시 금천구 시흥2동 234번지 | 전화 02-803-4779

안목을 살려내는 절집

천년 나무물고기

옛날 옛적 삼각산 기슭의 무너미마을에 효성이 지극한 총각이 살고 있었다. 총각의 어머니는 몹쓸 피부병을 얻어 오랫동안 고생을 하고 있었다. 총각은 낮에는 삼각산을 돌아다니며 약초를 캐어 오고, 밤에는 절에 올라가 불공을 드리면서 어머니의 병구완에 정성을 다했다.

어느 날 밤, 총각이 기도를 하다가 깜빡 졸고 있는데 웬 도사가 법당으로 들어오더니 총각더러 따라오라고 했다. 도사는 총각을 절 옆 계곡으로 데려가 한곳을 가리키며 '네 어미의 병을 낫게 해줄 약수가 이 밑에 흐르고 있으니 이곳을 파보라' 하고는 지팡이로 표시를 하더니 금세 사라져 버렸다.

꿈에서 깬 총각은 날이 새기를 기다렸다가 도사가 가르쳐준 곳을 찾아갔다. 놀랍게도 그곳엔 우물 井(정)자가 뚜렷하게 씌어 있었다. 총각은 떨듯이 기뻐하며 열심히 우물을 파기 시작했다. 그런데 흙을 몇 삽 걷어내자 커다란 바위가 떡 버티고 있는 게 아닌가. 하지만 총각은 포기하지 않고, 정으로 그 큰 바위를 쪼아내기 시작했다. 하지만 그게 어디 가당키나 한 일이겠는가. 계곡에 천막을 치고 밤낮없이 쪼아댔지만 뿌리가 깊이 박힌 바위는 줄어들 줄 몰랐다.

그 사이 어머니의 피부병은 더욱 깊어졌고, 동네사람들은 바위를 쪼아 우물을 만들겠다는 총각을 미친 사람 취급하며 손가락질을 했다. 총각의 상심은 너무도 컸다. 그래도 정을 내려놓지 않고 사력을 다해 바위 쪼기를 하던 총각은 끝내 병을 얻어 그만 죽고 말았다.

기가 막힌 어머니는 자기도 따라 죽으려고 마지막으로 아들이 쪼고 있던 바위를 찾아갔다. 그런데 까마귀 한 마리가 그 바위에 앉아 아들이 파고 있던 자리를 부리로 콕콕 쪼고 있는 게 아닌가. 어머니는 그 까마귀가 아들의 환생이라는 생각이 들었고, 그래서 죽을 마음을 거두고 까마귀의 하는 양을 지켜보기로 했다. 다음날도 그 다음날도 까마귀는 어김없이 날아와 바위를 쪼았고 어머니는 눈물을 흘리며 그 모습을 지켜보았다. 까마귀는 부리가 터져 피가 뚝뚝 흘렸지만 바위 쪼기를 멈추지 않았다.

그런 어느 날, 바위에서 기적처럼 물이 솟아나기 시작했다. 까마귀는 기쁜 듯이 우짖으며 어머니 주위를 몇 바퀴 돌다가 산봉우리 너머로 사라졌다. 놀란 어머니가 그 물을 마시고 몸에 바르자 피부병이 씻은 듯이 나았다. 사람들은 그 뒤부터 이 옹달샘을 까마귀가 쪼아 만든 샘, 즉 오탁천 烏啄泉이라고 부르며 무척 귀하게 생각하였다.

가을빛 화계사 계곡

화계사 오탁천에 전해 내려오는 효자 이야기는 언제 들어도 감동적이다. 그런데 너무 감동적이었던 것일까, 절집으로 들어서는 꼬마친구들이 모두 말이 없다. 가을빛 때문인지 절집의 적요 때문인지 표정들이 사뭇 숙연해 보이기까지 한다. 잘됐다 싶어 나도 그 분위기를 따르기로 했다.

대적광전 옆으로 돌아가자 비질 자국 선명한 흙마당 위로 곱게 물든 느티나무 이파리들이 섬세한 그림을 만들며 흩날리고 있다. 북한산 칼바위 능선에서 삼성암 쪽으로 내려오는 화계사 계곡의 가을은 이미 깊을 대로 깊었다. 화계사는 특히 가을이 아름답다.

아이들은 내가 아무런 힌트를 주지 않았음에도 계곡을 내려다보고 서 있는 커다란 고목 옆에서 일제히 멈춰 선다. 누가 가르쳐주지 않아도 아이들의 순수한 정신은 오래된 나무가 내뿜는 신령스런 기운을 이미 느끼고 있는 것 같다. 사백열다섯 살, 팻말대로라면 이 느티나무는 1590년에 싹이 텄고, 지금 사백열다섯번째로 피워낸 잎들이 단풍이 들어 곧 낙엽으로 돌아갈 것이다.

계곡 아래 약수터에선 아저씨 한 분이 페트병에 약수를 떠담고 있다.

무너미마을은 수유리의 옛이름이니까 저 약수샘이 아까 설화 속에 나온 바로 그 오탁천이다. 꼬마친구들의 세설이 터지기 시작했다. 우리가 전설의 고향에 온 거잖아? 정말 까마귀가 부리로 쪼아 저 샘을 팠을까? 그럼 옛날옛날에 이 느티나무는 그걸 모두 지켜봤겠지…

샘 안으로 팔을 뻗어 한 쪽박씩 조심스레 물을 떠 담는 아저씨의 행동이 무슨 신기한 광경이라도 되는 듯 아이들은 잠시도 눈을 떼지 못한다. '샘물 주변을 깨끗이 하면서 약수를 조금씩만 길어 가자'는 팻말 외는 아무 꾸밈도 없는, 그냥 수수한 샘인데도 말이다. 아마도 방금 들은 옛이야기 속의 어느 장면을 떠올리고 있겠지.

왕실 원찰

화계사 오탁천에 전해 오는 영험 설화는 그것 말고도 많다. 조선 말엽 대원군이 이곳 오탁천의 약수로 피부병을 고친 일화는 엄연한 기록으로 남아 있고, 그로 해서 화계사는 조선 말기의 왕실 원찰로서 대대적인 불사를 이루게 된다. 당시에 중건된 화려한 전각들이 바로 오늘날의 화계사 모습이다. 몇 번의 중수를 거치긴 했지만, 대원군의 친필인 명부전의 현판과 주련의 기백 넘치는 글씨, 그리고 대웅전 아래 공자형工字形으로 지어진 보화루는 아직도 옛모습을 그대로 간직하고 있다. 특히 보화루의 공자형 큰방은 당시 왕족들이 이곳에서 대웅전을 향해 예배할 수 있도록 마

런한 공간으로 서울 주변의 왕실 원찰에서만 볼 수 있는 특이한 조영 방식이다.

전설 아닌 역사적 사실을 말해주자 아이들의 눈은 더욱 반짝거린다. 컴퓨터와 핸드폰에 빠져 사는 것 같지만 아이들에겐 역시나 호랑이 담배 먹던 시절의 이야기가 제일 잘 먹힌다. 적어도 나의 경험으로는 그렇다.

천년 나무물고기

범종각 2층 난간에서 오늘 꼬마친구들의 기분은 최고조에 달했다. 범종각 위에선 화계사의 멋진 경내가 훤하게 내려다보인다. 엄청나게 넓은 대적광전의 그림 같은 기와지붕이 바로 눈앞에 있고, 그 웅장하고 정연한 선의 흐름을 따라 눈길을 돌리면 고풍스런 보화루의 지붕과 운치 있는 우물마루며 대웅전, 명부전, 그리고 저쪽 고봉 큰스님의 부도탑까지 모두 한눈에 들어온다. 천불오백성전 앞마당에 서 있는, 어여쁘게 붉은 단풍나무 저 너머로는 황홀한 북한산의 가을이 끝도 없이 펼쳐져 있다.

그 아름다운 풍경 속으로 지금 서양인 스님 두 분이 총총히 지나간다. 몇 년 전에 입적한 숭산 큰스님의 외국인 상좌들이다. 《만행-하버드에서 화계사까지》라는 책으로 유명한 현각 스님의 훤칠한 모습도 보인다. 현각 스님은 숭산 큰스님의 뒤를 이어받아 현재 화계사 국제선원의 선원장을 맡고 있는 미국인 스님이다. 거대한 자본의 나라 미국, 그 보장된 부와 명예를 버리고 오로지 정신의 대자유를 찾아 길을 떠난 사람, 그의 맑고 푸른 눈빛이 자꾸만 시선을 잡아끈다. 욕심없는 그 얼굴이 참 아름답다.

홀로 잠깐 생각 속에 빠져 있는 사이, 꼬마친구들은 범종각 천장에 매달려 있는 커다란 나무물고기에서 눈을 떼지 못하고 있다. 고려 때 창건된 보덕암에서 희방사를 거쳐 옮겨온 것이라니 만든 지 천년이 다 돼 가는 골동 목어이다. 손가락으로 살짝 건드리기만 해도 나무 부스러기가 떨어질 듯 심하게 풍화되어 있지만 신기하게도 눈에 보이는 전체적인 느낌은 아직도 퍼득퍼득 살아 있는 것 같다.

목어木魚는 나무를 깎아 잉어 모양을 만들고, 속을 파내어 안쪽의 양 벽을 나무 막대기로 두드려 소리를 내는 법구法具로 수중 생물들을 제도하려고 사용하는 절집 사물四物의 하나다. 물고기는 밤낮으로 눈을 뜨고 있으므로 수행자에게 자지 말고 열심히 도를 닦으라는, 깊은 뜻이 담겨 있기도 하다. 나무와 나무가 부딪치며 내는, 우두두두 하는 낮은 소리가 새벽 대기를 뚫고 나가 물속의 생물들을 일깨우고, 나아가 스님들의 정신까지 깨워주는 것이다. 그렇게 쓰여온 목어가 이렇게 오랜 시간 원형을 간직하고 있는 것이 놀라울 따름이다. 설명을 듣고 있던 수아가 눈을 동그랗게 뜨고 묻는다.

"그냥 물고기들은 얼마 못 사는데, 이 나무물고기는 그럼 천년 동안이나 살고 있네요?"

천년을 살고 있는 나무물고기라니! 항상 감탄하는 일이지만 아이들의 생각은 이렇게 어른을 앞질러간다. 아주 작은 실마리만 던져주면 아이들은 스스로 풍성한 자양을 만들 줄 아는 것이다. 천년을 사는 나무물고기… 무언가 그럴듯한 작품이 연상되는, 멋진 화두다. 오랜만에 정말 머릿속이 환하게 밝아지는 것 같다.

그런데 좀 서둘러야겠다. 궁궐 절 화계사의 보물을 아직 반의반도 못 본데다가 계곡길 500미터 정도 위에 있는 화계사의 산내 암자 삼성암까지 다녀오기로 아이들과 이미 약속을 하고 왔기 때문이다.

삼성암까지의 계곡길은 특히 단풍이 고와 가을철 수유리 사람들이 무지 좋아하는 소문난 산책길이다. 이래저래 오늘은 정말 멋진 가을 소풍이 될 것 같다.

● 찾아가는 길

대중교통편 지하철 4호선 미아역 4번 출구로 나와 시내버스 151번을 이용, 한신대(화계사) 앞에서 하차. 도보 5분 거리. 지하철 4호선 수유역 5, 6번 출구로 나와 시내버스 1121번을 이용, 한신대 앞에서 하차. 도보 5분 거리.

자동차편 도봉로 수유사거리에서 화계사 팻말 방향으로 직진하면 일주문이 나온다. 경내에 주차장이 있다.

● 화계사에서 살펴볼 것들

범종각과 목어 범종각 지붕 천장에 매달려 있는 목어는 원래 고려 때 창건된 보덕암에 있던 것이라고 전해지며, 1898년 경상북도 풍기 희방사에서 옮겨왔다.

대웅전 서울시 지방 유형문화재 제65호. 현판 글씨는 근대 명필 정학교丁鶴喬가 썼고, 주련은 추사의 수제자 신관호申觀浩가 썼다.

대적광전 3층의 드넓은 법당에 앉으면 누구라도 금세 무념에 빠져 버린다.

명부전 흥선대원군의 친필 현판과 주련, 1649년에 조성된 지장보살과 시왕상이 모셔져 있다.

보화루 대웅전 아래 공자형工字形의 전각. 큰방 뒤의 마루에서 대웅전을 향해 예배할 수 있도록 공간이 배치돼 있는데, 이는 왕실 원찰의 공통된 조영 방식이다. 현판 글씨는 신관호가 썼다.

오탁천 국제선원 옆에서 계곡을 내려다보면 작은 우물이 보인다.

● 주변의 즐길 거리

북한산 등산로 절 입구 주차장 뒤의 등산로를 따라 칼바위 능선에서 보국문으로 이어지는 북한산 등산로로, 삼성암까지 올라가는 계곡길은 대단히 운치가 있다.

4·19 묘지공원 한신대 앞에서 도보 10분 거리에 있다.

● 문의

화계사 서울시 강북구 수유1동 487번지 | 전화 02-902-2663

부처바위산의 해탈이

'역경逆境은 약이 되고 순경順境은 복이 된다…'

노송 우거진 일주문을 들어서는데 문득 절집에서 틀어놓은, 낭랑한 독경소리 한 소절이 귀에 들어온다. 사려 깊은 주인장이 애송이 손님을 위해 일부러 마련한 덕담 같다.

입구 오른쪽 석천암 방향으로 나 있는 등산로엔 휴일을 맞아 불암산을 찾는 등산객들의 발길이 쉼 없이 이어지고 있다. 그들 역시 '역경은 약이 되고 순경은 복이 된다' 는 말씀의 의미를 되새겨보는 듯 발걸음들이 사뭇 조심스럽다. 절집 안의 주차장까지 차를 몰고 와 부산을 떨어대던 조금 전의 모습과는 크게 달라진 모습이다.

불암사는 신라 헌덕왕 때 지증 국사가 창건한 천년 고찰이다. 서울의 동서남북 4대 명산의 4대 명찰 중 동쪽 산의 명찰로 창건 당시부터 근대에 이르기까지 주로 왕가의 사람들이 드나들던 왕찰이다. 국운이 흔들리고 있던 조선조 말기, 일제의 볼모가 된 어린 영친왕의 무사귀환을 위해 그의 생모 귀비 엄씨가 상궁들을 대동하고 찾아와 애끓는 모정으로 치성을 드렸던 일화는 아직도 회자되고 있다.

영특한 해탈이

경내로 들어서려는데 아니나 다를까, 개울 저쪽 언덕 위에 높이 얹혀 있는 큰바위 뒤에서 해탈이가 쏜살같이 달려나온다. 등산객들 사이에 불암사의 명물로 통하는 흰둥이 개인데 꼬마친구들을 보자 덩더쿵 튀어오르며 반긴다. 그런 해탈이 모습에 꼬마친구들이 더 신이 났다.

처음 해탈이가 불암사에 왔을 때 스님들은 절집에 무슨 개냐고 한사코 반대했다. 그래서 애견가인 한 신도의 집으로 입양을 보냈는데 어떻게 더듬어왔는지 해탈이는 며칠 만에 다시 불암사로 돌아왔다. 갈 때는 분명히 신도의 차를 타고 갔는데, 올 때는 혼자 그 먼 거리를 걸어서 온 것이다. 놀란 스님들은 이 영특스런 개를 인연으로 받아들였고, 그리하여 개는 제 스스로 이 절집의 지킴이가 되었다.

인연은 인연인지, 해탈이는 전혀 훈련이 없었음에도 술과 고기 등 부정한 음식을 먹고 온 사람이나 절집의 물건을 훼손하려는 사람을 보면 가차없이 짖어댄다. 하지만 절에서 밤을 보내는 신도들이 해우소라도 갈라치

면 어김없이 나타나 '보디가드'를 해주고, 두어 번 낯을 익힌 등산객들에
겐 반갑게 꼬리를 흔들어주는 영리하고 순한 개다.

해탈이의 사연을 들은 꼬마친구들은 절집 구경은 뒷전이고 개 꼬리만
따라다닌다. 결국 오늘 소풍의 가이드는 해탈이에게 절반이 넘겨졌다.

부처바위

대웅전 앞마당으로 들어서자 좌우에서 절집을 굽어보고 있는 불암(佛
岩, 부처바위)의 두 봉우리가 제일 먼저 눈에 들어온다. 큰바위로 된 산봉
우리가 부처를 닮았다 하여 이름이 불암산이 되었다는데, 대웅전과 지장
전 사이의 윗마당으로 올라서서 바라보니 그 신비로운 봉우리가 더욱 가
깝게 다가온다. 볼수록 부처의 형상임이 확연해지는 것이, 절집은 부처
품속에 들어앉았고, 부처는 다시 절집 안으로 들어오는 형국을 하고 있
다. 한참을 쳐다보니 분명 산봉우리에서 대웅전 추녀 끝으로 신비로운 선
이 이어지고 있는 것이 느껴진다. 산과 절이 둘이 아닌 것 같은.

부처바위들은 대웅전 뒤편에도 내려와 앉아 있다. 그 중의 한 바위인
마애삼존불은 매우 단아하고 세련된 양식의 현대식 벼랑새김 불상이다.
절집이 들어앉은 산의 주봉이 바로 자연의 불상인지라 달리 인공으로 벼
랑새김 불상을 조성할 필요가 없었겠지만, 굳이 현대에 와서 이러한 조성
을 한 까닭은 아마도 우리나라 마애불의 전통을 이으려는 절집의 의미 있

는 노력이 아닌가 싶고, 그래서 더 눈여겨보게 된다.

마애삼존불 뒤로 해서 불진신사리탑을 돌아나오는 소롯길은 우람한 노송 숲에 싸여 있어 매우 운치가 있다. 불교신자가 아니라도 자연스럽게 탑돌이를 하게 만드는 그윽한 분위기, 그리고 주변은 온통 아기자기한 돌탑의 정원이다. 큰 돌탑 작은 돌탑, 3층탑도 있고 7층탑도 있다. 온갖 모양의 돌탑들에 깃들어 있을, 쌓은 이의 간절한 염원은 무엇일까… 헤아려보다가 우리도 모두 작은 돌 한 개씩 주워 누군가의 돌탑 위에 조심스레 올려놓고 소원들을 빌기로 했다. 해탈이는 그예도 주변을 빙빙 돌며 우리가 하는 양을 살피고 있다.

절집의 식사 예절

그런데 꼬마 태준이가 갑자기 큰 소리로 소원을 밝힌다.

"배고파요, 빨리 점심 먹게 해주세요!"

그러고 보니 11시 50분, 절집 공양 시간에 딱 맞췄다. 오늘은 인심 좋은 불암사 공양간에서 점심을 해결하기로 했던 것이다. 그런데 옆에 있던 젊은 부부가 자기들도 좀 따라가면 안 되겠냐고, 무척 쑥스러워하며 묻는다. 뭘 당연한 말씀을, 우리랑 똑같은 손님인데 안 될 리가 있을라고!

절집에 따라 조금 다를 수 있으나 대체로의 점심 공양 시간은 오전 11시 30분부터 1시간 정도다. 순식물성의 소박하고 간단한 차림이지만 절

집을 찾는 손님에게는 누구에게나 차별 없이 내어놓는다. 이를 위해 절집에선 항상 음식을 넉넉하게 준비한다. 우리 조상들이 그렇게 했듯이, 아무리 낯선 사람이라도 자기 집을 찾아온 손님에 대한 대접으로 그렇게 한다. 우리 전통의 미풍양속을 절집에서 오히려 버리지 않고 지금껏 지켜오고 있는 것이다. 그러니 절집을 찾을 땐 시간을 맞추기만 한다면 어떤 절집에서건 점심 한끼 정도는 아무런 부담 없이 해결할 수 있다. 다만 절집을 찾아온 손님으로서의 예절은 지켜야 된다. 시간에 맞춰 공양간(부엌, 식당)에 들어와 스스로 음식을 날라오고, 정숙하게 앉아서 감사하는 마음으로 먹고, 찌꺼기를 남기지 않으며, 자기가 먹은 그릇은 자기가 치우는 것 등이 절집의 식사 예절이다.

젊은부부네는 조금 부끄러워하면서도 곧잘 우리를 따라한다. 오늘 불암사 점심 공양은 우거지된장국에 산채나물비빔밥이다. 조미도 기름기도 없는, 그저 담백하고 간소하기만 한 밥상, 하지만 얼마나 고마운 일인가. 여섯 살 사내아이와 멋쟁이 젊은 부모에게는 절집의 소박한 밥 한끼 먹어본 것이 어쩌면 인생의 좋은 공부가 될지도 모를 일이다.

천오백 걸음

점심도 같이 먹었겠다, 우리는 어느새 익숙한 동행이 되어 천천히 석천암으로 향했다. 그런데 꼬마친구들을 졸졸 따라오던 해탈이가 석천암 표지판 있는 곳에서 딱 걸음을 멈춘다. 아마도 어린시절 절 밖으로 내쳐졌던 기억 때문인지, 해탈이는 절대로 불암사 경내를 벗어나지 않기로도 유명하다. 아니나 다를까, 아이들이 아무리 꼬셔대도 다리 끝에서 꼬리만 흔들 뿐 따라올 생각이 전혀 없는 눈치다. 마음만 먹으면 온 산이 제 세상일 텐데도 말이다.

불암사 산내 암자인 석천암 가는 길은 매우 가파른 바윗길이지만 거리가 400미터 정도밖에 안 되는 부담 없는 등산로다. 그래서 처음 본 그들에게도 같이 갈 것을 권했던 것인데 그만 젊은부부네의 아이가 꾀를 낸다.

나는 딸아이 적부터 써먹어온, 오래된 비법을 또 써먹는다. 여기서부터 석천암까지는 딱 천오백 걸음밖에 안 되는데, 너 혹시 천오백까지 셀 수 있니? 아이가 눈을 반짝이며 되묻는다. 정말 천오백 걸음만 가면 돼요? 나는 일부러 시큰둥하게 응대한다. 전에 어떤 형아들 하고 세어보니까 그랬어. 근데 사실은 중간에 몇 번 놓쳐서 그게 확실한 건지 잘 모르겠거든. 그래도 너는 안 틀리고 잘할 수 있을 것 같은데, 저 형아들이랑 같이 안 해 볼래?

말이 끝나기도 전에 아이는 의기양양 제 발걸음을 헤아리며 산을 오르기 시작한다. 나의 꼬마친구들까지 그게 정말이냐며 금방 내기 태세 돌입이다. 물론 사실일 리가 없기에 나는 슬며시 다른 사실들을 알려준다. 석천암의 참 인상 좋은 벼랑새김 돌부처와 그 돌부처가 서 있는 발 바로 밑

바위틈에 아주 유명하고 맛 좋은 석간수 샘이 꽁꽁 숨겨져 있다는 것, 그리고 석천암의 씩씩한 총각 진돗개 반야가 불암사의 똑똑한 처녀 개 해탈이를 만나려고 이 바윗길을 하루에도 몇 번씩 오르내린다는 것을.

아이들은 숫자를 헤아리느라 정신이 없다. 젊은 엄마와 아빠까지 아이의 숫자 세기를 돕고 나섰다. 서로 헷갈리지 않고 제 발걸음 수를 세느라 갑자기 산길이 시끄러워졌다.

그런데 정말로 반야가 휙, 우리 곁을 지나쳐 쏜살같이 달려 내려간다. 아하, 반야다! 아이들은 바위 잔치가 벌어지고 있는 산길에서 뛰고 솟고, 마음껏 신이 났다. 어느새 제 발걸음 수 따위는 까맣게 잊어버린 채 해탈이와 반야의 '데이트'를 떠들면서 가파른 산길을 잘도 올라간다. 그러다가 갑자기 조잘대기 시작한다. 도대체 절집 개들은 왜 그렇게 아이큐가 좋은 걸까? 스님들은 개한테도 도를 닦게 하나?

하아, 그리고 보니 나도 갑자기 궁금해진다. 어째서 절집 개들은 모두가 그렇게 순하고 영리한 것일까.

● 찾아가는 길

대중교통편　지하철 6호선 화랑대역 2번 출구로 나와 시내버스 108번(파랑)을 타고 종점에서 내리면 절집까지 실어다 주는 셔틀버스가 있다. 오전 9시, 10시, 11시, 매일 3차례 운행.

자동차편　태능선수촌에서 삼육대 쪽으로 들어가면 불암사 가는 팻말이 보인다. 이곳에서 우회전하여 불암산 등산로를 따라가면 일주문이 나온다. 경내에 주차장이 있다.

● 불암사에서 살펴볼 것들

마애삼존불　1973년 조성된 현대식 벼랑새김 돌부처상의 전형을 볼 수 있다.

불진신사리탑과 돌탑동산　절 뒤편에 공원처럼 조성돼 있어 자연스럽게 탑돌이를 할 수 있다.

칠성각　지장, 칠성, 16성 현왕, 독성, 산신 등의 여러 탱화를 비롯, 고려말의 3대 스님인 지공, 나옹, 무학 대사의 진영과 사명 대사의 진영까지 모셔놓았다.

● 주변의 즐길거리

태릉　조선조 11대 중종의 왕비 문정 왕후의 능침으로 화랑대역에서 가깝다.

석천암　불암사에서 400미터 정도 올라간 곳에 있는 산내 암자로 마애불의 발 아랫부분에 있는 석간수가 유명하다.

등산로　불암산 정상과 천보암을 거쳐 당고개역으로 내려오는 2시간 거리의 가벼운 등산로.

불암폭포　석천암 왼쪽 아래 계곡에 있다.

● 연락처

불암사　경기도 남양주시 별내면 화접리 797번지 | 전화 031-527-8345

1889년의 서울 한 조각

우지끈, 투다다닥, 퍽!

막 절집으로 들어서려는데 요란한 소리 한 뭉텅이가 꼬마친구들의 호기심을 사로잡는다. 창신시장 골목에서부터 떡볶이 맛있겠다, 부침개 맛있겠다, 순대 먹고 싶다, 쉴 새 없이 떠들어대던 녀석들이 바짝 촉각을 곤두세운다. 마애관세음보살이 앉아 있는 석감 위쪽 아득한 암벽을 타고 무언가 묵직한 것이 굴러떨어진 것 같은데 그 서슬에 아카시아 가지가 부러지고, 바위 부스러기들이 사방으로 튀었다.

소리는 부도전에서 멈췄다. 꽤 시끄러운 소란이었음에도 절집에선 내다보는 사람 하나 없고, 꼬마친구들은 눈을 동글리며 금방이라도 달려갈 태세로 눈치들만 살피고 있다. 우리의 절집 소풍을 처음으로 계획했던 곳인 데다 벌써 세번째 찾아오는 절집이니만큼 부도전의 닫힌 문을 어떻게

잘 익은 가을 호박이 댓돌 위에 단정히 앉아 햇살을 받고 있다.

열고 들어가는지 정도는 모두들 훤하게 알고 있는 것이다.

부도전으로 굴러떨어진 건 큼직한 누렁 호박이다. 잘 익은 가을 호박의 황홀한 속내가 산산조각, 이끼 낀 부도전을 장엄하고 있는 뜻밖의 진경에 꼬마친구들은 신이 났다. 얏호! 누가 먼저랄 것도 없이 깨진 호박 조각들을 주워와 맞추기 놀이를 시작한다. 애늙은이 상운이는 '호박이 넝쿨째 굴러온 것을 난생 처음으로 보게 됐다'며 너스레를 떨고, 희경인 부도에 새겨진 한자 읽어보랴, 미끄러운 호박씨 주우랴, 두 배로 바쁘다.

가깝기도 하지만 우리 동네 북촌의 오래된 한옥을 그대로 옮겨다놓은 듯한 정겨움 때문에 나의 꼬마친구들은 유난히 이 안양암 소풍을 좋아한다. 하긴 녀석들이 이 절집을 좋아하는 진짜 이유는 따로 있지만 말이다.

타임머신을 타고 왔나 봐요

2005년 벽두, 번잡스럽기 짝이 없는 서울 동대문에서 사찰박물관으로 공개된 안양암을 처음 만났을 때 한마디로 경탄을 금치 못했다. 휘황한 서울의 빌딩 숲에서 저 홀로 시간을 거스르고 도도하게 돌아앉아 외롭게 살아남은 섬 같은 절집, 나지막한 돌담을 사이에 두고 2005년의 서울과 1889년의 한양이 엄연하게 공존하고 있는 모습은 참으로 용하고도 경이로웠다.

특히 전각이라기보다 조선 말기 반가의 안채를 연상시키는 공양채는 그 꾸림새가 얼마나 정겨운지, 나와 꼬마친구들은 문화재 관람을 미뤄놓고 염치 불구 공양간 이곳저곳을 기웃거리고 다니기까지 했다. 어릴 적 고향집에서나 보았던 벽찬장, 댓돌 위로 올라가 '쬐끄만' 미닫이문을 열고 들어가는 정주간 고방, 그릇 시렁, 닳을 대로 닳은 무쇠가마솥의 반질거림… 앞쪽의 싱크대와 가스레인지만 아니라면 영락없는 옛 한양 어느 집의 정주간을 보는 것 같았다. 그런 정경이 익숙한 나는 신이 나서 설명에 열을 올렸고, 꼬마친구들은 마냥 생소하고 신기해서 눈을 돌리지 못했다.

그리고 들어선 안양암 경내, 80년 전 조선 말기 사찰 건축의 원형을 알 리가 없건만 나의 꼬마친구들은 감탄사와 질문을 끝도 없이 쏟아냈다. 불상과 불화를 비롯한 절집의 구성물 대부분이 서울시 유형문화재로 지정 등록이 되었고, 절집이 앉은 터와 일곱 채의 전각들까지 모두 문화재로 등록되었단 세세한 설명 같은 건 필요치도 않았다. 첨단 감각의 매끄럽고 세련된 것만 보아온 아이들은 시간의 손때가 켜켜이 쌓여 있는 이 낡은 절집의 확연한 '다름'을 대번에 알아보았고, 대번에 매료당해 버렸다. 우리가 타임머신을 타고 왔나 봐요. 여기가 정말 서울인가요, 절집이 원래 이렇게 생겼나요… 감탄사의 연발이었다.

안양암이 이렇듯 오롯한 모습을 유지하여 사찰박물관으로 거듭나기까지, 한 어른의 각고의 노력이 있었다. 바로 한국미술박물관의 권대성 관장이다. 20여 년 전 재개발 위기에 몰린 절집을 사재를 털어 구입을 했

산책이라도 하는지 깎아지른 암벽 위에서 하얀 고양이 한 마리가 어슬렁거리고 있다.

고, 그로부터 개발을 원하는 측과의 각종 송사에 시달리며 오늘의 안양암
을 지켜내었다. 조선 말기에 지은 전각들은 물론 마애불과 불화와 불상,
각종 공예품 등 사찰에 딸려 있던 수많은 국보급 불교문화재들을 고스란
히 보존할 수 있었던 것도 모두 이분의 숨은 공이다.

  그래서 사찰박물관 안양암을 찾은 사람들은 두 번 놀란다. 이렇게 변화
한 서울 도심에서 이런 예스러운 절집이 온전하게 남아 있다는 사실에 놀
라고, 그것이 순전히 한 개인의 의지와 노력으로 이루어졌다는, 20년간
의 녹록치 않은 사연 앞에 또 한 번 놀란다. 개발지상주의 대한민국 수도
서울 한복판에서 정말 기적 같은 일이 아닐 수 없기에.

수상한 바윗굴

  부도전 호박 청소를 즐겁게 끝내고, 아이들은 약속이나 한 듯 대웅전
뒤편의 가파른 비탈길로 올라간다. 이 절집이 1889년에서 2005년이란
시공 속으로 뚝 떨어져나온 섬이라는 것을 확연하게 보여주려는 듯 사방
을 에워싸고 있는 아파트와 빌딩들이 한눈에 들어오는 곳이다.

  섬의 해안 같은 언덕 위로 바위절벽이 옹성甕城처럼 둘러서 있고, 그
앞에 터만 남은 독성각과 산신각은 세월의 간극인 양 텅 비어 있는데, 위
쪽의 바위절벽에 커다란 굴이 두 개나 뻥 뚫려 있어 아이들의 호기심은
또다시 부풀어 오른다. 오른쪽과 왼쪽이 서로 연결되는 이 수상한 바윗굴

절집의 식재료를 보관하던 자연 저장고(위).
바위절벽에 기대어 자리잡은 장독대(아래).

은 옛날 옛적 안양암이 한창 번성하고 있을 때 절집의 식재료를 보관하던 자연 저장고였다고 한다. 예전의 절집 규모가 어느 정도였는지를 짐작케 해주는 곳이다.

아이들은 마치 시골 할머니집에라도 온 듯 이제는 제법 익숙하게 절집 놀이를 한다. 오늘은 셋이서 앞서거니 뒤서거니 굴속을 살피는 양이 마치 지질 검사라도 나온 것처럼 진지하다. 깎아지른 암벽 위엔 어느새 하얀 고양이 한 마리가 나타나 멋진 스트레칭 자세로 이쪽을 감시하고 있다. 그 위로 모두 호박넝쿨들의 숲이다.

맞은편 두산빌딩의 초현대식 위용을 이곳에서 다시 보니 참으로 생경스럽다. 우리가 변해도 너무 많이 변해 버린 것이 부끄럽고, 그래서 더욱 이 작은 절집의 오롯한 옛결이 귀하게 느껴지는 순간이다. 갑자기 민수가 굴 밖으로 튀어나오며 외친다.

"선생님, 오늘은 어느 집으로 떡볶이 먹으러 갈 건데요?"

그러면 그렇지, 오늘 녀석들이 갑자기 안양암 소풍을 졸라댄 진짜 이유는 바로 그거였던 것이다. 절집으로 오르내리는 길목인 창신시장의 떡볶이와 순대, 그 넉넉하고 구수한 먹거리들 구경하는 재미를 이 절집 소풍에서 어찌 빼놓을 수 있겠는가. 작지만 없는 것이 없는 창신시장의 정겹고 풍성한 볼거리와 먹을거리 때문에 아이들은 벌써부터 신명들이 났다. 아마도 오늘은 나의 지갑이 좀 크게(?) 줄어들 것 같다.

● 찾아가는 길

대중교통편 지하철 6호선 동묘역 2번 출구나 1, 4호선 동대문역 3번 출구로 나와 창신시장 골목길을 10분 정도 걸으면 바로 절집이 나온다(시장 골목 첫번째 두 갈래길에서는 왼쪽으로, 두번째 세 갈래길에서는 오른쪽으로, 세번째 세 갈래길에서는 가운뎃길로 조금만 올라가면 된다).

자동차편 동대문로터리에서 이대부속병원과 창신시장 사잇길로 진입, 시장 뒤편에서 우회전하면 당고갯길이 나온다. 주차장이 없으므로 가능한 대중교통을 이용하는 것이 좋다.

● 안양암에서 살펴볼 것들

석감마애관음보살상 조선 후기 서울 지역 마애불 조성 양식.

대웅전의 아미타후불도, 감로도, 팔상도 조선 말기에 제작된 국보급 희귀 미술품.

천오백불전 영단의 위패함 조선 말기 궁녀들의 위패가 상당수 발견될 정도로 오래됐다.

절 뒤편 석굴 석빙고처럼 절집의 식재료를 보관하던 곳이다.

● 주변의 즐길거리

창신시장 규모가 작은 골목시장이라 아이 손잡고 산책하듯 둘러보는 재미가 쏠쏠하다.

동묘 동묘는 삼국지에 나오는 명장 관우의 사당으로 중국 묘사 건축 양식으로 지어졌다.

원서동 한국미술박물관 안양암의 중요 문화재를 비롯, 희귀한 불교 미술품들을 소장하고 있는 사설박물관. 특히 방학중에는 어린이 대상 체험프로그램 등 다양한 기획 전시가 있다.

● 문의

안양암 서울시 동대문구 창신동 130-2 | 전화 02-747-0101
한국미술박물관 서울시 종로구 원서동 108-4번지 | 전화 02-766-6000

아름다운 스님

1925년 7월 11일부터 13일까지, 연 사흘 동안 장대 같은 비가 쏟아졌다. 잠실벌은 온통 물바다가 되었다. 산이 무너지고 언덕이 내려앉고 집이 떠내려가고, 사람들은 나뭇가지에 매달려 살려달라고 울부짖었다. 물이 빠진 뒤 잠실벌은 마을과 도로의 흔적조차 찾아볼 수 없었다. 뽕나무 푸르렀던 들판은 황량한 모래벌판으로 변해 버렸다. 퇴적한 모래와 진흙 더미에 깔려 있는 포플러 몇 그루와 그 가지 사이에 걸려 있는 자재 등으로 미루어 겨우 이곳이 마을의 터전이었음을 추측할 뿐…

한강의 지도를 바꿔놓았다는, 우리나라 금세기 최대의 홍수로 꼽히는 을축년 대홍수를 조선총독부는 그렇게 기록하고 있다.

이 을축년 대홍수 속에 한 아름다운 스님이 있었다. 스님의 혜안은 비가 오기 몇 달 전에 이미 배를 준비하였고, 물이 범람하자 사자 같은 용맹으로 전 사중을 지휘하여 물길에 휩쓸려 떠내려가는 사람들을 구하였다.
또한 절집을 활짝 열고 정재를 털어 의복과 음식과 잠자리를 마련해주었
고, 극진히 보살피며 위로하는 자비를 베풀었다. 이때 스님이 구제한 사
람은 무려 708명. 당대의 저명인사들이 감복하여 스님의 공덕을 기리는
〈불괴비첩不壞碑帖〉을 발간했으며, 목숨을 건진 잠실 선리, 부리, 신장리
일대의 주민들은 스님의 은공을 기리는 〈수해구제공덕비〉를 절 앞에 세
웠다. 1912년부터 23년간 봉은사 주지를 맡았던 청호 화상의 실제 이야
기다.

　청호 화상, 천년 고찰 봉은사를 거쳐간 고승대덕이야 좀 많을까만 그
굵은 이름들 속에서 오롯하게 떠오르는 한 분이다. 후원의 북극보전 앞
댓돌에 앉아 저 건너 하늘 찌르는 마천루들을 바라보면서도 그날의 아름
다운 영상은 또렷하게 그려진다. 대홍수의 아수라장 속에서 살려달라 절
규하는 중생들, 그들을 한 명이라도 더 구하려고 시뻘건 흙탕물 속을 헤
치고 다니는 스님네들…

　사흘 동안 내린 비가 상전桑田을 모래밭으로 만들었던 때로부터 80여
년, 이제 그 뽕밭은 빌딩의 바다로 변해 버렸다. 문명의 홍수가 범람하는
잠실벌 한가운데 오직 변함없는 한 가지는 절집이 앉은 자리, 울창했던
수도산의 숲 한 자락뿐이다. 봉은사의 후원은 이곳이 도심 한복판이라고
는 믿어지지 않을 정도로 숲이 깊다. 하늘 찌르는 코엑스 건물이 바로 눈

처마에 매달린 풍경의 물고기가 하늘 찌르는 코엑스 건물을 응시하는 듯하다.

앞에 서 있는 절집 뒤란에 까치와 박새들의 노랫소리가 꺅꺅 쩍쩍 끊이지 않는다. 이렇게 오롯할 수 있는 것이 얼마나 고마운지, 절집이 아니었으면 이 금싸라기 땅이 오늘날 어찌 이리 온전한 모습으로 남아 있었겠는가! 저 귀한 홍매와 보리수와 왕벚나무 역시도.

아이들은 청호 화상 이야기에 금방 몰입되었다. 방금 코엑스 장보고홀에서 보았던 미생물의 현미경 세계와는 전혀 다른 흥미로 귀를 쫑긋거리고 섰다. 세상에, 우리 근세사 속에 그렇게 훌륭한 스님이 계셨다니, 요즘 같았으면 티브이에도 나고 인터넷에도 나고 국민 영웅으로 떠받들었을 텐데…

엄마들도 들은 적이 없노라고 모두들 놀라워한다. 오늘은 코엑스몰의 미생물체험전을 보려고 세 가족이 함께 견학단을 짜왔다. 좀 늦은 오후이긴 하지만 그래서 더 느긋하다. 원래 후식 시간이 더 여유로운 것처럼.

살아 있는 부처

청호 화상은 경기도 고양에서 태어나 열두 살에 오대산 명주사로 출가, 열다섯 살에 득도하였고, 스물네 살에 경을 설파하기 시작, 기백 찬 학풍을 나라 안에 드날리다가 서른일곱 살 때 산을 내려와 대 봉은사의 주지를 맡는다. 나라의 주권이 상실되기 시작한 일제 강점의 초기였다. 스님은 불교의 주체적인 부흥과 자주적인 개혁 없이는 민족도 불교도 바로 설

수 없다는 일념으로 불교 스스로가 500년의 산간 은둔으로부터 벗어나야 한다고 주창했고, 형식보다는 바른 신앙 생활의 실천이 앞서야 된다며 장삼 자락을 걷어붙이고 이의 실천에 앞장섰다. 절 부근의 황무지를 개간하여 전답과 임야 20만 평에 이르는 광대한 토지를 확보, 자립의 기틀을 마련한 다음 경내의 각종 전각을 중수하고 신축하며 '갑찰 대본사'라 불리던 봉은사의 면모를 명실상부하게 가꾸어 나갔다.

또한 스님은 왕실의 원찰이라는 세속적 조건에 조금도 개의치 않고 오로지 민중을 위한 참법을 펼쳐 인간은 누구나 존귀하다는 자각을 일깨우려 애썼다. 이러한 스님의 불교 개혁 의지와 신념은 대중의 커다란 공감을 불러일으켜 법회 때면 한강의 남북 강기슭이 신도들의 행렬로 하얗게 뒤덮였을 정도라고 한다. 암울했던 민족의 수난기, 압제와 수탈에 허덕이던 민초들은 스님을 '살아 있는 부처'라 부르며 따르기를 마다하지 않았다. 예순 살 되던 해 7월에 입적했고, 93과의 사리가 봉은사 부도전에 모셔졌다.

나의 꼬마친구들과 엄마들은 입을 모아 말한다. 왜 그렇게 훌륭한 스님의 이야기가 크게 알려져 있지 않으냐고. 글쎄, 불교 설화 드라마를 쓰던 시절 그 자료를 처음 접하고 나도 그 점이 얼마나 아쉬웠는지 모른다. 행장 부분은 그렇다 치더라도 을축년 대홍수 때의 활약은 충분히 회자될 만한 일임에도 불교 집안에서조차 청호 화상의 이 보살행을 말하는 이가 드

도심 한복판이라고 하기엔 믿기지 않을 만큼 숲이 깊은 봉은사의 후원.
까치와 박새들의 노랫소리가 끊이지 않는다.

물다. 그만큼 스님께서 아무런 맥과 연과 상을 남기지 않으셨기 때문이다. 다만, 을축년 대홍수 때 청호 화상의 도움으로 목숨을 구한 잠실의 한 집안에서 당시의 활약상을 세세히 기록하여 남긴 책이 전해지고 있을 뿐.

판전 현판

천년 고찰 봉은사에는 또 한 사람, 내가 좋아하는 역사 속 인물의 숨결이 서려 있다. 조선 후기의 대학자 추사 김정희. 파란의 삶을 살았던 학문과 예술의 대가가 죽기 사흘 전에 쓴 것으로 전해지는 글씨 版殿(판전), 봉은사 판전의 현판으로 남아 있는 이 글씨는 그래서 보는 이의 마음을 더 애틋하게 한다. 모든 것을 초탈한 노년의 추사가 순진무구함을 담아 쓴 이 글씨를 후세 사람들은 동자체童子體라 부르며 아끼고 있다. 이 글을 가만히 들여다보고 있노라면 자유롭고 애틋하고 사랑스러운 느낌이 획마다 묻어난다.

편액 왼쪽 낙관에 쓰인 七十一果病中作(일흔한 살의 과가 병중에 쓰다)의 '과' 는 노년의 추사가 과천에 머물렀던 데서 자신을 지칭하는 말인데 이 또한 가슴을 저리게 한다. 거듭된 옥고와 유배 생활에서 얻은 병으로 유난히 몸의 쇠락이 빨랐던 추사는 그즈음 봉은사를 찾는 것이 유일한 낙이었다. 그래서 절집에 밥값을 하고 싶었던 것일까, 병중의 몸으로 글 하나를 남겨놓다니… 판전 앞 링거를 맞고 서 있는 늙은 보리수나무가 꼭 그날의 추사처럼 고적해 보인다. 뿐 아니라 이 판전 안에 봉안된 화엄경 81권 역시 조선 철종 때 추사와 영기 대사가 뜻을 모아 판간을 한 것인데, 경판이 하나도 빠지지 않고 온전하게 보존된 유일한 판본으로 사료적 가치가 대단히 높은 보물로 꼽힌다.

선종수사찰

봉은사는 신라 시대의 고승 연회 국사가 창건한 고찰이다. 조선 연산군 때 성종의 무덤인 선릉의 봉릉 사찰로 중창, 왕실의 원찰이 되었고, 이후 문정 대비가 억압받은 조선 불교의 부흥을 도모하는 근본 도량으로 지원을 하면서 선종禪宗 으뜸 사찰로서의 면모를 되찾았다(이로 인해 봉은사 앞에 '선종수사찰'이란 수식이 붙게 되었음). 이를 계기로 당시 주지를 맡은 보우 대사가 폐지되었던 선교 양종과 승과고시를 부활했고, 이를 통해 청허, 사명, 벽암 대사와 같은 걸출한 고승이 배출되어 꺼져가던 조선 불교의 맥을 이었음은 괄목할 만한 일이다.

그 당시 승과고시를 치르던 장소가 바로 선불당으로 지금의 대웅전 왼쪽에 있는 독특한 구조의 전각이다. 선불당은 팔작, 초익공 양식의 단층 목조 기와집인데 밖에서 보면 정면 8칸 측면 3칸인 구조가 안으로 들어가면 정면 5칸으로 되어 있는 특이한 구조로, 19세기 우리 건축 양식을 연구하는 데 매우 의미 있는 희귀 목조 건물이다.

　세속적으로는 왕찰로서, 그리고 승가에서는 선종 으뜸 사찰로서 올올했던 역사의 흔적들이 곳곳에서 눈에 들어온다. 휘황찬란한 강남의 번화가, 하필이면 코엑스와 마주한 절집이라 당연히 번잡할 것이라고 예단했던 엄마들은 상상 밖의 후원 풍경에 감탄사를 연발한다.

　영각전에서 북극보전을 거쳐 영산전으로 이어지는 봉은사 후원 풍경은 산사의 적요를 맛볼 수 있는 오롯한 흙길이다. 적송 고목에 갈참나무 빽빽한 숲도 웬만한 산림을 유지하고 있다. 하긴 남대문의 지붕까지 물이 잠길 정도의 대홍수 때 잠실벌 시민들이 대피하여 목숨을 부지했던 수도산의 정상부인 것이다. 따지고 보면 청호 화상 당시에는 코엑스가 앉은 자리는 물론 뒤편 경기고 터까지, 잠실 일대가 거의 모두 봉은사 땅이었다. 하지만 강남이 개발의 기치를 올릴 무렵, 절집에선 나라의 살림을 존중하여 많은 땅을 선뜻 내주었다. 그리하여 지금의 경내만 남은 것이다.

여기 한 나그네가 있어 바람과 구름으로,

강과 바다로 도량을 삼고, 봄과 가을로 호흡을 삼아

태고의 정수리를 딛고 서서 무궁한 경계를 둘러보다

이 봉은사에 이르러 전각에 오르면 시원한 기운 맛볼 수 있고,

푸른 못에 다다르면 더위를 잊을 만하도다.

연못을 구경하니 향기가 닿고, 매화를 바라보니 달이 창에 오른다.

도시 한복판에서 전통을 온전히 지키면서도 절집 문을 활짝 열고,
생활 속 불교를 실천하고 있는 봉은사의 경내를 한 스님이 걸어가고 있다.

450년 전 서산 대사가 남겨놓은 봉은사기 첫 대목이 참으로 격세지감을 느끼게 한다.

돌아나오는 길, 시간이 좀 늦었지만 우리는 아가봉(아름다운가게 봉은사점의 줄임말)엘 들르지 않을 수 없었다. 아름다운재단과 이웃하고 있는 북촌 사람들은 아름다운가게를 대단히 적극적으로 이용한다. 금세도 엄마들은 아이들 옷을, 아이들은 책과 장난감을 천 원 한 장으로 골라잡고 좋아서 어쩔 줄을 모른다. 그 중에서도 맘에 드는 실크머플러를 찾아낸 인아 엄마가 제일 크게 '심봤다'고 자랑이다. 옆의 불교생협에서도 엄마들은 매우 만족스런 먹거리 쇼핑을 했다. 특히 시중에서 속기 쉬운 호두는 집마다 한 봉지씩 챙겼다. 모두들 뜻밖의 수확이라며 내게 감사치레까지 한다.

하지만 그것은 아무래도 청호 화상의 음덕인 것 같다. 도시 한복판에서 전통을 온존하고, 그러면서도 절집 문을 활짝 열고 생활 속 실천 불교를 표방해온 봉은사의 오래된 가풍 말이다.

● 찾아가는 길

대중교통편 지하철 2호선 삼성역에서 6번 출구로 나와 아셈타워 쪽으로 100미터쯤 오다가 좌측으로 돌면 봉은사 일주문이 나온다. 도보 8분 거리. 지하철 7호선 청담역 2번 출구로 나와 경기고 방향으로 150미터쯤 걸어오다 봉은사로에서 우측으로 돌아 50미터쯤 가면 봉은사 일주문이 나온다. 도보 10분 거리.

자동차편 자가용으로 가는 길은 대중교통편을 참조.

● 봉은사에서 살펴볼 것들

대웅전의 동종 서울시 유형문화재 제76호. 장흥사동종으로 경기도 장흥사에서 옮겨왔다.

선불당 조선 중기 이후 실시된 일종의 승려 자격 시험인 승과고시를 치르던 곳.

판전 현판 추사 김정희가 사망 사흘 전에 쓴 것으로 알려진 글씨.

후원 오솔길 영각전에서 북극보전, 영산전을 지나 미륵대불전으로 이어지는 소롯길.

아름다운가게 봉은사점 봉은사 주지 스님이 명예점장으로, 신도들이 활동 천사로 참여하여 재활용품의 나눔 운동에 앞장서고 있다. 주차장 오른쪽 부속 건물에 있다.

불교생협 청정함을 믿을 수 있는 친환경 먹거리를 판매하며, 아름다운가게 바로 옆에 있다.

● 주변의 즐길거리

한국종합전시장(코엑스) 코엑스 홈페이지에 들어가 전시 등의 연중 행사 일정을 체크, 필요한 전시나 행사에 맞춰서 가면 두 배로 유익한 나들이를 할 수 있다. 지하철 2호선 삼성역에서 바로 연결되며 지하에 쇼핑몰과 음식점, 김치박물관 등이 있다.

선릉 사적 제199호. 조선 제9대 성종과 그 계비 정현 왕후 윤씨를 모신 능이다. 지하철 2호선 선릉역에서 도보 3분 거리.

● 문의

봉은사 서울시 강남구 삼성동 73번지 | 전화 02-515-6070-4

찻집, 옷집, 밥집, 절집

아시는지? 국제적인 거대 도시 서울특별시에 촌이 두 개나 있다는 거. 신촌과 북촌이 바로 그 촌스러운 이름의 주인공들인데, 아시다시피 연세대와 이화여대를 중심으로 펼쳐진 신촌은 지구촌에서 가장 휘황찬란한 촌이고, 경복궁에서 창덕궁 사이의 삼청동, 가회동, 원서동 일대를 아우르는 북촌은 아직도 촌스런 냄새가 폭폭 풍겨나는 한옥 밀집 지역의 오래된 이름이다. 바로 이 북촌의 관광 요지에 매우 대조적인 두 절이 있다. 경복궁 옆의 세련된 빌딩 절집 법련사와 청와대 뒤편의 산골 암자 같은 칠보사, 두 절의 거리는 천천히 걸어도 20분밖에 안 걸린다.

두 절집으로의 소풍은 삼청동길 입구의 동십자각에서 시작하는 것이 좋다. 사거리 한가운데 외딴 섬처럼 똑 떨어져 있는 동십자각은 대원군이 세운 경복궁의 동남쪽 망루이다. 궁궐이 궁과 다른 것은 입구에 망루가

있기 때문인데 일제가 경복궁을 축소시키면서 서십자각은 아예 허물어
버렸고, 동십자각도 계단 부분을 훼손하여 길 한가운데인 지금의 위치로
방치해 버린 것이다. 그 때문에 경복궁 관광을 온 사람들조차 이 작은 건
축물을 그냥 지나쳐 버린다. 하지만 동십자각은 역사적으로나 건축사적
으로나 매우 중요한 의미를 지녔고, 모양도 아름답다.

이 앙증맞은 고건물에서부터 삼청동길은 시작된다. 왼쪽엔 경복궁의
고아한 돌담이, 오른쪽엔 개성 넘치는 문화 예술 공간들이 이어지고, 그
사이로 우람한 은행나무들이 나란히 숲을 만든다. 무려 229그루의 거목
이 3킬로미터에 걸쳐 뻗어 있는 은행나무 터널은 우리나라에 그리 흔치
않은 풍경이다. 특히나 가을날, 은행나무 황금잎이 춤을 추는 즈음에는
이 길을 걷는 것이 얼마나 황홀한지… 아는 사람들은 절대로 때를 놓치지
않고 꼭 한 번씩은 찾아온다. 나처럼.

근사한 예술 도량

이 멋진 예술거리 초입에 법련사가 있다. 순천 송광사의 서울 분원 즉,
큰절에 딸려 있는 말사末寺 격이지만 우리나라 현대 도심 사찰의 대표로
꼽히는 절이다. 전통 사찰이라기보다 종교와 문화 예술을 접목시킨 도심
휴식 공간에 가깝다. 굳이 이름을 붙이자면 문화 예술 도량이라고 할까,
자칫 우리 삶과는 동떨어진 것으로 비쳐져온 불교가 예술이란 화두를 들

고 성큼 현대 도시 문명 속으로 내려왔다. 그리하여 전통과 현대가 공존하는 삼청동길 들머리에 서양 빌딩과 전통 한옥을 조화시킨 퓨전 건물(?)을 깔끔하게 빚어놓고, 아래층엔 미술관과 출판사와 서점을, 위층엔 시민 선방과 대웅보전을 장엄하여 절집을 열었다. 신개념의 도심형 절집의 등장이다.

아무튼 갤러리 타운 삼청동길의 첫번째 갤러리가 바로 이 법련사의 불일미술관이다. 그런 만큼 절집 모양도 여느 미술관 못지않게 세련되었다. 일주문도 없고 사천왕상도 없고, 현란한 오방색 단청도 대웅보전이 있는 3층에서만 볼 수 있다. 예술 작품을 감상하러 오든 부처님을 찾아오든, 이 복잡한 도시 한복판을 지나는 사람 누구라도 쉽게 들어올 수 있도록 출입문은 언제나 활짝 열어놓는다.

절집 안으로 들어서면 제일 먼저 눈에 들어오는 공간이 미술관과 서점이다. 그리고 아래 연다원에서는 그윽한 다향이 풍겨온다. 실내는 군더더기 하나 없이 절제돼 있으면서도 산사의 부드럽고 온화한 선이 살아 있고, 그 선을 따라 수준 높은 미술 작품들이 설치돼 있다. 청정한 공간에서 예술 작품을 감상하며 잠깐 쉬었다 가라는 듯, 한갓진 곳엔 어김없이 긴 의자가 놓여 있고.

하지만 내가 이 근사한 예술 도량에서 제일 좋아하는 공간은 따로 있다. 3층 대웅보전 앞 범종이 있는 난간, 이곳에선 경복궁의 웅자를 한눈

법련사 앞의 경복궁 돌담길은 봄 여름 가을 겨울, 언제 걸어도 심미적이고 운치가 있다.

에 내려다볼 수 있다. 철저히 풍수지리를 따른 조선 왕조 대궐의 건물 배치를 살펴볼 수 있는 것이다. 하늘의 기운과 땅의 지맥과 인간의 살이를 두루 살펴 지었다는 경복궁, 풍수의 핵이라고 할 만큼 명당 중의 명당이지만 건물 하나 허투루 배치한 것이 없고, 그러고도 연못 혹은 나무와 돌덩이로 부족한 기운을 채워넣었다는, 이 무결한 자연친화적 건축 작품(?)을 조감할 기회가 그리 흔하겠는가.

대웅보전의 현대식 법당에 잠깐 앉아보는 것도 빼놓으면 손해다. 꼬마들과 함께해도 괜찮다. 넓고 환하고, 전통 법당의 억누르는 듯한 분위기도 없다. 그냥 자유롭게 절도 해보고, 앉아 있어도 보고, 창문 너머 플라타너스 고목도 쳐다보고 하면 된다. 그렇게 머리를 맑힌 다음 다시 1층으로 내려와 마지막으로 불일미술관을 들러 보는 것, 나의 경험상 효과 만점이다.

지난 가을엔 가벼운 산책을 나왔다가 운 좋게도 흙과 불에 자신을 던져넣은, 이 시대 소문난 고집쟁이들의 찻그릇전을 관람하기도 했다. 방학중엔 어린이를 대상으로 하는 기획 프로그램까지 있어 나의 꼬마친구들도 이 절집 미술관을 좋아한다. 절집에서 운영하지만 불교와 연관된 전시만을 고집하지 않기 때문에 잘만 맞춰 오면 두 배로 유익한 소풍을 즐길 수 있다.

심미적인 삼청동길

이제 서울의 산골 절 칠보사로 향해 보자. 불일미술관에서 나와 몇 걸음만 옮기면 화려한 문화 예술 공간들이 줄을 잇고 나타난다. 갤러리현대, 금호미술관, 학고재, 진선북카페…

시간만 넉넉하다면 어느 곳을 둘러보아도 후회는 없다. 건물의 꾸밈새만 보더라도 서울의 그 어느 곳보다 심미적이다.

청와대길과 갈리는 곳에서 오른쪽 좁은 길로 들어서면 삼청동길의 묘미는 더욱 진해진다. 인왕산과 북악산 사이의 삼청계곡으로 이어지는 길답게 공기도 맑고 초록도 풍성하다. 건물들이 촘촘한데도 무언가 골 깊은 산촌으로 들어서는 듯한 이슥함이 확실하게 느껴진다.

이 길가에 골동품 같은 오두막 한옥과 녹색의 장원 국무총리공관이 나란히 이웃하고 있다. 찻집과 옷집과 밥집까지도 모두 예술 공간처럼 꾸며져 있고, 상품들도 대부분 직접 만든 작품들을 팔고 있는 쟁이들의 동네, 마치 삼청동에선 이래야 된다는 듯 어느 한 건물 눈길을 사로잡지 않는 곳이 없다.

낡은 한옥에는 세련된 간판으로, 현대식 건물에는 토속적인 부착물로 서로의 단점을 조화시켰으되 모두들 개성을 살렸다. 전통과 현대가 공존하고, 상업과 예술이 상존하며, 도시와 산촌이 병존하는, 이 절묘한 거리를 걷는 맛은 정말 특별하다. 그래서 나처럼 북촌에 살고 있는 촌사람들

은 무척 행복해한다. 우리 북촌사람들은 틈만 나면 가족들 손잡고 동네 구경 다니는 것을 즐긴다. 오밀조밀한 한옥 골목을 따라 구석구석 숨어 있는 멋진 예술 가게며 근사한 맛집들을 순례하는 재미란…, 아무리 거듭해도 지루하지 않다.

칠보사의 한글 주련

이 멋진 산책길의 끝자락에 칠보사가 있다. 문밖에서 보면 한옥을 허술하게 개조한 북촌의 여느 살림집처럼 보이고, 안에 들어가서 보면 외진 산골의 암자 같은 절집이다.

오백 살 먹은 느티나무 한 그루와 두 채의 낡은 전각이 전부인 소박한 절집, 그런데 매우 특별한 것이 있다. 바로 한글 주련.

주련은 기둥이나 바깥 벽 등에 장식으로 써붙이는 글씨를 말하는데, 전통적인 주련에서는 한자를 쓴다. 특히 절집 주련은 경전의 법구를 주로 쓰기 때문에 한자들이 매우 어려워 한문을 공부했다는 사람들도 쉽게 읽지 못한다.

그런데 칠보사는 아니다. 절 이름도 한글로 '칠보사'라 써놓았고, 대웅전의 현판도 '큰법당'이라고 정겨운 우리 한글로 썼다. 그 아래 여섯 기둥의 주련도 모두 정감 어린 고체 한글이다.

둥글고 가득한 지혜의 해

캄캄한 번뇌 없애 버리고

온갖 것 두루 비치며

모든 중생을 안락케 하는

여래의 한량없는 그 모습

어쩌다 이 세상 오시나니.

　어느 곳에서 이렇듯 시원하게 주련을 읽어본 적 있었던가! 한문 실력 때문에 절집에서 갑갑했던 경험이 많은 나는 이곳에만 오면 꼭 그 보상을 받는 것 같아 기분이 좋다. 그래서 '폼'을 잡고 소리내어 읽어보곤 한다. 그런데 한자로 인한 부담감이 전혀 없을 나의 꼬마친구들도 이 절에만 오면 큰소리로 주련 읽기에 열을 올려 나를 웃게 만든다. 하긴 해독 불가능으로 알았던 절집의 장엄물을 이렇듯 쉽게 읽어내는 자신이 대견스러워지는 것이야 아이 어른이 다를 것도 없다.

　우리에게 이런 뿌듯한 선물을 안겨준 사람은 석주 큰스님이다. 칠보사 한글 주련은 석주 스님의 35년 전 작품으로 창안도 글씨도 모두 직접 했다. 스님은 성철 스님 다음으로 추앙받은 우리나라 불교계의 큰 기둥이었으며, 2005년 5월에 입적했다. 한글 경전이 보편화된 지금도 절집의 주련과 현판에서 한글을 찾아보기가 힘든데, 한글 경전조차 없던 그 시절

스님의 이런 발상은 참으로 획기적인 것이었다. 당시 '어떻게 한글로 현판과 주련을 쓸 생각을 했느냐'는 기자들의 질문에 '내가 무식해서 한문을 잘 몰러'라고 일축한 큰스님의 대답은 유명하다.

조계종 총무원장과 동국역경원 이사장을 지냈고, 한글대장경 완간 등 불교 용어의 한글화에 독보적인 업적을 남겨놓은 큰스님은 이제 칠보사에 없다. 아니 빛바랜 주련의 글씨 속에 오롯하게 남아 있다. 그래서인지 아직도 칠보사 하면 석주 스님을 떠올리는 사람들이 많다. 느티나무 고목 아래, 천진불처럼 기대 앉아 마음 부자 되는 이야기를 조곤조곤 들려주시던 노스님의 모습을. 이제 칠보사 큰법당 오른쪽 평범한 액자 속에서 그 모습을 다시 본다. 한 시대를 구축해온 크고도 밝은 정기, 어쩌다 이 세상을 다녀가신 한량없는 그 모습이다!

큰스님 좋은 기운 흠뻑 받아먹고, 칠보사 좁은 골목을 따라 삼청동 산골마을로 올라가는 발걸음이 즐겁다. 북촌 구경, 여기서부터는 발길 닿는 대로 가면 된다.

● 찾아가는 길

대중교통편 지하철 3호선 경복궁역 5번 출구로 나와 건널목을 건너 5분 정도 걸으면 맞은편에 법련사가 있다. 칠보사는 법련사에서 경복궁 돌담길을 따라 올라가다가 청와대길과 갈리는 지점에서 오른쪽 삼청동길을 따라 삼청공원 후문 쪽으로 가다보면 왼쪽에 칠보사 팻말이 있다. 도보 15분 거리.

자동차편 가는 길은 대중교통편을 참조. 법련사는 지하에, 칠보사는 절집 앞에 주차장이 있다.

● 법련사와 칠보사에서 살펴볼 것들

법련사 사찰 건물 입지가 좁은 도심형 절집의 새로운 모델로서 살펴볼 만한 건물이다.

불일미술관 1층 왼쪽에 있다. 불교 미술과 문화 관련 기획전이 연중 내내 열린다.

불일서점 1층 오른쪽에 있다. 불교 서적과 불교 관련 문화 상품들을 취급한다.

칠보사의 한글 주련 석주 큰스님의 친필로 우리나라 절집 한글 주련의 효시라 할 수 있다.

● 주변의 즐길거리

삼청공원 우리나라 공원의 효시. 숲이 깊고 계곡이 맑아 예부터 서울에서 제일 빼어난 경치로 꼽혔다.

화랑가 법련사에서 칠보사까지, 한 집 건너 미술관이라고 할 만큼 많이 들어서 있다.

북촌 한옥 동네 삼청공원에서 감사원길을 따라 가회동, 계동 등 여러 갈래의 골목길로 이어진다.

가회박물관 삼청공원 정문을 지나 감사원 앞에서 마을버스 2번을 타고 돈미약국 앞에서 내리면 맞은편에 박물관 팻말이 있다. 우리 전통 민화와 부적 등 희귀한 민속자료를 전시하고 있으며 어린이를 위한 프로그램도 운영하고 있다. 전화 02-741-0466

부엉이박물관 삼청공원 입구 맞은편 골목 안에 있다. 동서고금의 부엉이 모형 2천여 점을 상설 전시하며, 입장료 대신 간단한 차를 팔고 있다. 전화 02-3210-2902

● 문의

법련사 서울시 종로구 사간동 121-1번지 ｜ 전화 02-733-5322

칠보사 서울시 종로구 삼청동 4번지 ｜ 전화 02-732-1424

우리 아이 건강을 생각한 퓨전 채식 도시락

우엉잡채덮밥

으깬감자버섯쌈

메밀김치전병

고구마경단구이

쑥연근그라탕

버섯모듬밥

검은콩표고부침버거

삼색두부샌드위치

묵은김치말이밥

무장아찌김밥샌드위치

쑥주먹밥

오이호두초밥

검은약콩단호박찜밥

냉이주먹밥

연근찹쌀찜

1. 아삭아삭 쫀득쫀득 연근찹쌀찜

••• 영양과 맛의 오행 균형을 위해 다섯 가지 색을 맞춘 채식샐러드
와 오렌지구이를 곁들임.

재료 | 연근, 불린 현미찹쌀, 가루녹차, 죽염.

만들기 | 1. 껍질을 깎지 않은 통 연근을 반으로 자른
다. 2. 불린 쌀에 가루녹차와 죽염을 넣고 버무린다.
3. 연근의 반대쪽을 한지나 양배추로 막고 젓가락을
이용, 2를 가득 채워넣는다. 4. 압력솥에 3을 넣고 추가 돌기 시작한 후 7분 정도만 찐다
(너무 오래 찌면 연근이 부서지므로 주의). 5. 적당히 식힌 다음 먹기 좋은 크기로 썰어
담는다.

채식샐러드 | 양배추, 적채, 샐러리, 당근 등의 야채는 곱게 채를 썰고, 사과, 배 등의 과
일은 얇게 저며 채식 소스를 넣고 버무려준다.

*도시락으로 싸서 나갈때는 채식 소스를 따로 가지고 가서 먹기 전에 버무리는 것이 좋다.

오렌지구이 | 껍질을 벗긴 오렌지를 하나씩 떼어내어 달구어진 팬에 기름 없이 굴리듯이
살짝 구워낸다.

채식 소스

재료 | 호두, 잣, 땅콩, 두부, 샐러리, 키위, 2배 식초, 황설탕, 쌀조청, 죽염, 올리브유 적당량(채식 소스
400~500g 분량 나옴).

만들기 | 1. 두부 4분의 1모를 삶아 체에 건진 다음 모든 재료들을 한꺼번에 넣고 곱게 믹싱한다. 2. 물기가
많은 키위가 들어가면 따로 수분을 넣을 필요가 없다(농도가 빽빽하면 두유를, 너무 묽으면 두부를 더 넣어
마요네즈 묽기로 농도를 맞춘다). 3. 두부는 반드시 삶아 써야 냄새가 소스에 배지 않고, 또 기본적으로 샐러
리가 들어가야 마요네즈 향과 비슷한 향이 나지만 기호에 따라 다른 허브 식물을 첨가해도 좋다.

*채식 소스는 한꺼번에 넉넉한 양을 만들어 냉장 보관해두고, 각종 야채와 과일, 나물무침 등에
사용하면 좋다(1주일 정도는 충분히 유지 가능).

2. 상큼한 오이호두초밥

••• 오이 속살의 연두색 무늬를 보는 것만으로도 즐겁고, 상큼한 오이초밥맛과 호두의 고소한 맛의 조화도 색
다름. 피망장아찌와 가죽장아찌를 곁들여 입맛을 맞춤.

재료 | 현미찹쌀밥, 오이, 호두, 배합초, 검은깨.

만들기 | 1.오이를 껍질째 넓은 채칼로 길이대로 얇고 넓게 저며놓는다. 2.밥에 배합초와 검은깨로 양념을 하여 고루 섞는다. 3.김발에 물기를 닦은 오이 조각들을 겹쳐지게 펴놓고, 밥을 올린 다음 가운데 호두 대여섯 개를 박고 돌돌 말아 잘 눌러준 다음 한입 크기로 잘라 그릇에 세워 담는다.

*오이에 간을 하지 않는 것이 상큼한 맛을 내는 비결이다. 마른 행주로 물기를 닦아주면 야외에 나가서도 전혀 축축하지 않다. 밥을 말때는 김발을 한번에젖혀 전체를 누르듯이 돌돌 말아주는 것이 요령.

피망과 가죽장아찌 | 피망장아찌는 어린 피망을 잘 씻어 오지그릇이나 유리병에 담고, 조림간장 만들듯이 장아찌 간장을 입맛에 맞게 만들어 펄펄 끓여서 식힌 다음 부어준다. 가죽은 가죽나무의 연한 잎을 죽염에 충분히 절였다가 물기를 뺀 다음 고추장과 통깨, 참기름, 쌀조청으로 양념을 하여 무친 다음 냉장 보관해놓고 먹는다.

호박달견 | 호박은 씨가 없는 연한 것으로 골라 손질한 다음 0.5센티미터 두께로 동그랗게 썬다. 그런 다음 찹쌀가루와 밀가루를 1:1 비율로 섞어 물을 부어가며 잘 푼 후에 집간장으로 간을 한다. 호박을 하나씩 옷을 입힌 후 팬에 놓고 고명으로 청홍고추를 얹어 올리브유로 노릇하게 지져낸다.

3. 졸깃졸깃 씹히는 우엉잡채덮밥

··· 잡채 속의 우엉 향과 씹히는 맛이 색다른 별미 도시락. 즉석 오이장아찌나 상큼한 과일을 곁들이면 음식 궁합과 영양 균형이 맞음.

재료 | 불린 현미찹쌀, 우엉, 표고, 느타리, 당면, 취나물, 당근, 집간장, 조림간장, 맛물, 통깨, 참기름.

만들기 | 1. 먼저 밥을 안쳐놓고, 우엉을 곱게 채 썰어 집간장과 참기름, 맛물로 간을 맞춰 중불에 졸이듯이 볶는다. 3. 버섯은 곱게 채쳐 볶고, 당근채와 취나물은 데친다. 4. 나물 데친 물에 당면을 삶아 찬물로 헹군다(나물 데친 물에 당면을 삶으면 물에 녹은 야채의 영양소와 향이 당면에 모두 배어들어 좋다). 5. 팬에 참기름을 두르고 2, 3, 4의 재료를 넣고 조림간장으로 간을 맞춰 다시 볶는다. 6. 밥을 그릇에 담고 그 위에 5를 얹은 다음 통깨를 뿌린다.

* 우엉을 고를 때는 껍질 쪽이 터져 있으면 안에도 바람이 든 것이므로 잘 살펴보고 모양이 고른 것을 선택해야 한다. 껍질 부분에는 몸에 좋은 성분이 많으므로 너무 두껍게벗기는 것은 좋지 않으며, 물에 데치거나 담그는 것도 좋지 않다.

즉석 오이장아찌 | 오이를 껍질째 깍둑썰기한 다음 집간장+황설탕+2배 식초를 배합한 양념장에 버무려 20분쯤 그대로 두면 된다. 묵히지 않고 바로 만들어 먹는 장아찌로 짜지 않고 상큼한 오이맛이 살아 있다. 피클과 달리 집간장을 사용하고 설탕도 조금밖에 안 들어가 달지 않으면서 상큼한 맛이 특징.

우엉

구근류는 인체의 근골을 이루는 영양소들을 많이 함유하고 있어 성장기 아이들에게 매우 유익한 식품이다. 특히 우엉의 알기닌 성분은 혈액 순환을 도와 오래된 어혈을 배출시키며, 장내 유익한 세균의 번식과 변비를 해소하는 약성을 지니고 있다. 조림뿐 아니라 장아찌, 각종 볶음요리, 야채밥 등에 응용할 수 있다.

4. 향긋한 쑥주먹밥

재료 | 쑥과 불린 현미찹쌀(비율은 부피로 1:1), 배합초(2배 식초+황설탕+죽염+쌀조청 적당량을 입맛에 맞게 배합).

만들기 | 1.쑥을 손질해서 씻어놓고, 불린 쌀로 밥을 짓는다. 2.끓기 시작하면 주걱으로 뒤적인 다음 위에 쑥을 쫑쫑 썰어 얹는다. 3.뜸이 들 때 배합초를 만들어 뿌려주고 다시 한 번 밥을 골고루 섞어준다. 4.뜸이 다 들면 김을 빼고, 밥이 따뜻할 때 한입 크기로 뭉친다. 5.차진 밥맛과 향긋한 쑥 향이 어우러진 새콤달콤한 초밥의 뒷맛이 입안에서 감친다.

새송이구이 | 새송이를 세로로 길게 썰어 팬에 참기름을 두르고 굽다가 양념장(다진 견과류+다진 청홍고추+조림간장 적당량)을 넣고 섞어준다.

쑥

봄들에 처음 돋는 쑥은 특히 미네랄과 비타민이 풍부해서 봄날에 처지기 쉬운 원기를 돋우고 소화를 도와주는, 우리 땅 최고의 먹거리이다. 쑥경단탕수, 쑥튀김, 쑥국, 쑥개떡, 쑥완자, 쑥겉절이를 만들어 먹어도 좋다. 약성은 속을 따뜻이 하여 위장의 병통에 잘 듣고 소독 효과도 있다.

5. 먹기도 좋고 모양도 예쁜 으깬감자버섯쌈

··· 부드러운 감자와 쫄깃한 버섯의 조화가 절묘함. 부식으로 연근조림과 도라지무침을 곁들여 어른과 아이별로 입맛을 맞춤.

재료 | 감자, 표고, 새송이, 팽이버섯, 오이, 당근, 죽염, 후추, 올리브유.

만들기 | 1.감자는 껍질을 벗기고 찜솥에 쪄 후추와 죽염으로 간을 해서 부드럽게 으깬다. 2.버섯과 당근은 채 썰어 올리브유에 살짝 볶고, 오이는 세로로 잘라 채를 썬다. 3.쌀종이(시중에서 구입)를 뜨거운 물에 적신 후 쟁반에 깔고, 으깬 감자를 얹은 다음 2의 재료를 속에 넣고 모양나게 여며준다.

연근조림 | 먼저 얇게 자른 연근에 물을 조금 넣고 충분히 익힌 후 조림간장과 참기름, 올리브유를 넣고 쫀득한 맛이 날 때까지 졸인다. 약한 불에 20분 가량 졸인 다음 조청과 황설탕을 넣어 마무리한다.

도라지무침 | 도라지를 죽염에 주물러 씻고 물기를 제거한다. 잣과 호두 등의 견과류를 적당히 다져놓고, 청홍고추는 몇 개만 어슷썰기를 해둔다. 재료에 죽염과 참기름, 통깨 양념을 하여 무친다.

*견과류를 넣어 도라지 향과 맛을 중화시키면 아이들의 거부감을 줄일 수 있다.

호두

호두는 특히 뇌 기능 강화에 좋다. 그래서 중국에서는 매년 정월이 되면 어린 자녀에게 호두를 먹이는 풍습이 있다. 열량이 높고 영양이 풍부하여 성장기 아이들에게 좋지만, 지나치게 많이 먹으면 식물성 지방 성분으로 인해 살이 찌기 쉽기 때문에 조심해야 한다. 하루에 두세 개 정도가 가장 적당하다. 편두통과 복통, 변비로 고생할 때도 호두를 먹으면 좋다.

6. 한입에 쏙 두부감자볼꼬치

재료 | 감자, 당근, 오이, 표고버섯, 볶은 두부, 깻잎, 간 땅콩, 죽염, 후추, 참기름.

만들기 | 1.감자는 껍질을 깎고 푹 쪄서 후추와 죽염 간을 하여 곱게 으깬다. 2.당근과 오이, 표고는 잘게 다져 죽염과 후추를 넣고 볶는다. 3. 볶은 두부에 참기름과 1, 2의 재료를 섞어 고루 반죽한다. 4. 3을 먹기 좋게 한입 크기로 동그랗게 빚어 꼬치에 꽂는다.

*두부가 남으면 장아찌를 만들어 먹어보자. 사찰에서는 두부가 남으면 노릇노릇하게 구워 잘게 잘라 집간장에 둥둥 띄웠다가 몇 년 동안 두고두고 먹는다. 조금만 먹어도 입맛이 확 돌 정도로 굉장히 짜다. 그래서 죽과 궁합이 잘 맞는다.

우엉조림 | 연근조림 만드는 방법과 같다.

감자와 땅콩

감자는 칼로리가 낮고 비타민C가 풍부해 다이어트에 좋고, 고혈압을 비롯한 각종 성인병을 예방하는 건강 식품으로도 인기가 많다. 게다가 어떤 식재료와도 잘 어울려 요리법도 매우 다양하다.

장수 식품의 하나로 알려진 땅콩은 다량의 비타민E를 함유하고 있어 노화 방지와 피부 미용에 좋다. 또 적혈구의 증식을 도와 철분 흡수를 향상시키고 혈중 콜레스테롤을 제거해주기 때문에 기억력 증진에도 상당히 좋은 식품이다. 보통 껍질을 까서 먹는데 속껍질째로 먹는 것이 영양적으로 더 좋다. 특히 정신 노동을 많이 하는 사람들에게 좋다.

7. 고소하고 개운한 메밀김치전병

재료 | 메밀가루, 김치, 참기름, 올리브유.

만들기 | 1. 메밀가루(밀가루는 넣지 않음)에 생수를 넣고 걸쭉하게 반죽을 한다. 2. 국물을 짠 김치는 잘게 다져 참기름에 주물러 둔다. 3. 팬에 참기름과 올리브유를 조금씩 섞어 두른 다음, 메밀 반죽을 한 국자 떠서 얇게 펴놓고, 2를 길게 펴 얹어 뒷면이 익기 시작하면 지단처럼 돌돌 말아가며 노릇하게 지져낸다.

* 사찰에서는 김치를 담글 때 파, 마늘, 젓갈을 일체 사용하지 않고 생강과 소금을 기본 양념으로 한다. 소금은 굵은 소금을 쓰며, 찹쌀풀 대신 보리밥, 감자, 호박 삶은 물을 넣기도 한다. 그리고 보통 젓갈 대신 간장이나 된장으로 맛을 낸다. 늦은 봄까지 먹을 김치에는 소금을 많이 넣고 다른 양념 없이 고춧가루만 조금 넣는다. 무, 배추, 열무 외에 상추대궁, 시금치, 고구마순, 연근 등으로도 김치를 담근다.

메밀과 김치

성질이 차가운 메밀은 열성 체질인 아토피에 좋은 식품이다. 섬유질이 많아 변비 해소에도 탁월하고, 혈액 정화 효과도 매우 뛰어나다. 메밀은 비타민 B군과 모세혈관을 강화하는 루틴 성분이 많아 삶으면 영양소가 파괴되므로 삶은 물도 같이 먹는 것이 좋다. 메밀 알레르기가 있는 사람은 생무를 갈아 함께 먹으면 중화가 된다.

김치에는 항암 효과와 스트레스 해소에 도움이 되는 성분이 들어 있어, 요즘 들어 더욱더 웰빙 식품으로 대접받고 있다. 김치잡채, 김치튀김밥, 김치샐러드, 누룽지 김치피자 등 가볍게 해먹을 수 있는 김치 요리만 수백 가지가 넘는다.

8. 냉장고 속 나물모듬초밥

••• 나른한 봄날 비타민과 무기질 등 우리 몸에 필요한 영양소와 약 성분이 고루 갖춰져 있어 더할 나위 없는 웰빙 도시락. 궁합이 잘 맞는 밤+새송이버섯조림을 곁들여 영양 균형을 맞춤.

재료 | 불린 현미찹쌀, 머위, 취나물, 도라지, 두릅, 참나물, 표고, 고사리, 검은깨, 배합초, 고추냉이간장, 고추장, 참기름, 죽염.

만들기 | 1.불린 쌀에 배합초로 간을 맞춰 밥을 안친다. 2.밥이 끓기 시작하면 중간에 중불로 낮추고, 주걱으로 저어주며 뜸을 들인다. 3.산야초 중 머위, 취나물, 두릅, 참나물은 쓸 만한 잎줄기 부분만 떼어 죽염물에 데친 다음 엷은 죽염 간을 하여 살짝 볶아둔다. 4.도라지는 굵은 부분을 한마디 정도만 잘라 칼로 돌려깎기 하여 칼등으로 얇게 저며준 다음 고추장 양념을 엷게 하여 참기름에 구워낸다. 5.고사리는 무르게 삶아 죽염으로 엷은 간을 한다. 6.표고는 어슷썰기하여 참기름에 구워둔다. 7.집간장으로 고추냉이간장을 만든다. 8.밥에 검은깨를 넣고 잘 섞은 다음 적당한 크기로 밥을 뭉친 다음 안쪽에 고추냉이간장을 조금 발라가면서 각 산야초를 모양 있게 얹어 마무리한다.

*야채재료는 냉장고에 있는 것 모두를 응용할 수 있지만 가능한 다섯 가지 색(오행)을 맞추는 것이 영양과 맛을 최고로 만드는 비결이다.

밤+새송이버섯조림 | 밤은 껍질을 깎고 물과 함께 적당히 삶다가 조림간장과 물엿을 넣고 한참 더 졸인 후에 깍둑썰기한 새송이버섯을 넣고 섞은 뒤 검은깨를 뿌려 마무리한다.

*새송이 대신 양송이를 써도 된다. 몸에 좋은 버섯을 밤과 함께 달콤한 맛으로 조리해 아이들의 입맛에도 맞다.

9. 새콤한 매실장아찌현미세모김밥

••• 새콤하고 짭짤한 매실장아찌 맛과 잣의 고소한 맛이 함께 씹히는 특별한 김밥. 깻잎두부전과 땅콩조림으로 영양과 맛을 맞춤.

재료 | 현미잡곡밥, 김, 매실장아찌, 잣, 배합초.

만들기 | 1.밥이 식기 전에 배합초로 간을 한다. 2.매실장아찌는 물기를 없애고 잘게 다진다. 3.틀을 이용, 가운데 2를 넣은 밥을 잘 다져 삼각형으로 만든 다음 잣으로 모양을 낸다.

*집에 있는 다른 장아찌를 써도 되고, 견과류 역시 다른 것을 써도 좋다. 비타민 E와 철분, 칼슘, 불포화지방산 등 그 자체로 영양의 보고인 견과류를 밥에 응용, 다양한 영양밥을 지을 수 있다.

깻잎두부전 | 두부, 잣, 땅콩, 표고, 청홍고추를 곱게 다져 죽염 간을 한다. 우리밀가루에 죽염을 넣고 묽은 반죽을 한다. 깻잎 속을 도톰할 정도로 넣고 밀가루를 고루 묻혀 살짝 털어낸 다음 반죽 옷을 입혀 팬에 지져낸다.

땅콩조림 | 겉껍질을 벗긴 생땅콩에 물을 조금 붓고 충분히 익힌 다음 올리브유와 조림간장, 쌀조청을 넣고 간을 맞춰 은근한 불에 계속 졸인다.

*기름은 올리브유에 참기름을 따로 섞어 사용하는 것이 좋다.

*처음부터 양념을 넣으면 땅콩이 잘 익지 않고 서걱거리므로 주의.

매실과 잣

3천 년 전부터 건강 보조 식품으로 써온 매실은 식욕을 돋워주고 피로 회복에 좋다. 특히 해독 작용이 뛰어나 배탈이나 식중독 등의 치료에 쓰인다. 최근에는 항암 식품으로 각광받고 있다.

잣은 주로 자양강장제로 쓰이는데, 불포화지방산을 많이 함유하고 있어 혈압 강화에 좋으며, 비타민 E와 철분 함유량이 높아 노화 방지에도 효과가 탁월하다.

10. 영양 듬뿍 검은약콩단호박찜밥

••• 단호박과 약콩, 현미찹쌀의 좋은 약성이 어우러져 영양은 말할 것도 없고, 호박의 달콤한 맛과 채식 소스의 고소한 맛의 부드러운 조화가 입안에서 살살 녹음.

재료 | 현미찹쌀, 쥐눈이콩, 단호박, 채식소스.

만들기 | 1.불린 현미찹쌀과 쥐눈이콩으로 먼저 밥을 해둔다. 2. 단호박을 깨끗이 씻어 반으로 쪼갠 다음 속을 파낸다. 3.호박 빈 속에 밥을 채워넣고 전자레인지에서 13분간 익힌다. 4.먹기 좋은 크기로 잘라 그릇에 담고, 위에 채식 소스를 끼얹는다.

*도시락으로 싸서 나갈때는 채식 소스를 따로 가지고 가서 먹기 전에 얹는 것이 좋다.

우엉장아찌 | 우엉을 잘 다듬어 손가락 굵기로 썰어 오지그릇이나 유리병에 담고, 조림간장 만들듯이 장아찌 간장을 입맛에 맞게 만들어 펄펄 끓였다가 뜨거운 상태로 부어준다. 우엉이 떠오르지 않게 돌로 눌러주고, 간장 끓여 붓기는 1주일 간격으로 3~4회 정도만 해준 다음 냉장 보관한다.

*절집에서는 거의 모든 야채를 장아찌로 만들어 두고 밑반찬으로 쓴다. 편견을 버리는 것이 중요하다.

두릅 데치기 | 끓는 물에 두릅과 약간의 죽염을 넣고 삶다가, 꼬다리 부분이 익으면 건져낸다.

쥐눈이콩

콩은 채식을 하는 스님들에게 부족하기 쉬운 최고의 단백질원이다. 특히 약콩이라 불리는 쥐눈이콩은 노화와 탈모 방지, 체질 개선 등 현대인에게 필요한 약성이 많이 들어 있어 우리 밥상에 자주 올려야 할 식재료이다.

11. 개운한 묵은김치말이밥

재료 | 현미찰밥, 김장김치, 치즈, 김.

만들기 | 김장김치를 한 잎씩 온전하게 떼어 양념을 씻어낸 다음 마른 행주로 물기를 없앤다. 2.김발에 김치 잎을 넓게 펴놓고 2등분한 치즈를 나란히 깐다. 3.치즈 위에 밥을 퍼 얹고 그 위에 4등분한 김을 얹어 돌돌 만 다음 한입 크기로 썰어 그릇에 담는다.

산초장아찌 | 산초는 너무 여리거나 여물면 장아찌용으로 적당치 않다. 열매가 아직 파랗고, 껍질이 벗겨지지 않았을 때 송아리째 따서 먹기 좋은 크기로 갈라 담그는 게 가장 좋다. 담그는 법은 일반 장아찌와 같다. 사찰에서는 10월쯤에 담가서 일년내내 밑반찬으로 먹는다. 특히 입맛이 없는 여름철에 좋은 반찬이며, 죽과도 잘 어울린다. 먹을 때는 조금씩 꺼내 건지가 촉촉히 잠길 정도로 장아찌 간장을 부어 내놓는 것이 맛도 모양도 좋다.

*산초는 피를 맑게해주는 성분이 있기 때문에 차로 만들어 마셔도 좋다.

산초

천초, 향초자, 야초, 함초유, 분지나무, 민산초나무, 상초, 애초 등으로 불리는 산초는 식재료로서뿐만 아니라 약재료로서도 다양하게 쓰인다. 나무껍질, 열매, 잎 등 어느 것 하나 그냥 버릴 게 없다. 한방에서는 탕을 끓이거나 욕탕에 넣어 사지슬통四脂膝痛을 제거하는 데 쓰인다. 민간요법에서는 치질과 부종을 치료하는 약재로 종종 쓰인다. 이밖에도 구충 효과와 독소 제거, 피를 맑게 하는 등의 좋은 약성을 지니고 있어 아이들도 친숙해두면 좋을 먹거리다.

12. 입맛을 돋워주는 냉이주먹밥

••• 밥을 기피하는 아이들에게 간식처럼 먹일 수 있는 별식. 야채를 듬뿍 넣은 쥐눈이콩부침을 곁들여 영양과 맛의 균형을 맞춤.

재료 | 불린 현미찹쌀과 냉이(부피로 1:1 비율), 죽염, 참기름.

만들기 | 1.쌀을 안칠 때 함께 냉이를 쫑쫑 썰어 얹고 밥을 짓는다. 2. 밥이 끓으면 한번 저어서 조금 더 익힌다. 3.뜸이 들기 시작하면 참기름과 죽염 간을 해서 다시 한 번 고루 섞어준다. 4.밥이 다 되면 뜨거울 때 한입 크기로 뭉쳐 꼬치에 꽂고 팬에 돌려가며 3분 정도 노릇하게 굽는다.

*냉이 대신 다른 산야초를 써도 되고, 동글한 밥에 콩가루를 묻히거나 채식 소스를 찍어 먹어도 맛이 어울린다.

쥐눈이콩부침 | 불린 쥐눈이콩, 우리밀가루, 고사리, 시금치, 숙주나물, 당근, 생표고, 느타리, 두부, 죽염, 포도씨기름을 준비한다. 불린 쥐눈이콩을 믹서로 곱게 간다. 고사리는 대충 다져 살짝 볶고, 숙주나물도 살짝 데쳐 대충 썬다. 당근과 표고, 느타리도 채로 썬다. 시금치는 한 잎씩 떼어 깨끗이 씻어 물기를 없앤다. 두부는 끓는 물에 데쳐 물기를 대강 빼고 으깬다. 준비된 여러 재료와 밀가루를 5:1 양으로 넣고 고루 섞은 다음 죽염으로 간을 맞춘다. 팬에 포도씨기름을 넉넉히 두르고 빈대떡 모양으로 구워낸다. 연갈색이 날 때까지 중불로 익혀야 된다.

13. 달콤쌉싸르한 도라지초밥

••• 도라지 향이 살아 있으면서도 씹히는 밥맛이 보들보들하고, 도라지의 쌉싸르한 맛이 새콤달콤한 초밥맛에 섞여 전혀 거부감이 없는 별미밥. 꼬들꼬들한 무말랭이장아찌와 감자튀김을 곁들여 입맛을 맞춤.

재료 | 도라지, 현미+보리쌀, 배합초.

만들기 | 1. 보통 밥물로 쌀을 안치고, 위에 도라지를 잘게 썰어 얹어 익힌다. 2. 뜸이 들 때 배합초를 골고루 뿌려주고, 주걱으로 섞어준다. 3. 뜸이 들면 식기 전에 한입 크기로 밥을 뭉쳐 그릇에 담는다.

무말랭이장아찌 | 무말랭이와 말린 고춧잎을 물에 씻은 다음 체에 받쳐 물기를 없앤다(많이 불리면 맛이 덜하므로 몇 번 헹구어 건지는 정도가 적당). 찹쌀풀에 집간장, 고운 고춧가루, 다진 생강, 쌀조청, 통깨를 배합한 양념장을 만든 다음 물기를 없앤 무말랭이와 고춧잎을 넣고 양념이 밸 때까지 잘 버무려 냉장 보관해두고 먹는다.

*절집에서는 찹쌀풀 대신(청국장 등을 만들기 위해)콩을 삶을 때 나오는 물을 쓰는데, 콩물을 쓰면 무말랭이가 훨씬 부드럽고 맛이 좋아진다.

감자튀김 | 손질한 감자의 껍질을 벗기고, 사과를 자르듯이 모양을 낸 다음 죽염을 조금 뿌려뒀다가 기름에 튀겨내면 된다. 아이들이 좋아하는 여러 가지 모양을 만들어 재미있는 도시락을 꾸며보는 것도 좋다.

*튀김 기름은 가능하면 발연점이 높은 포도씨기름을 사용한다. 발연점이 높은 기름일수록 영양 손실을 막아주고 음식에 스며드는 양이 적어 다이어트 등에 도움이 된다.

도라지

도라지는 섬유질과 칼슘, 철분이 많은 알칼리성 식품으로, 특히 사포닌 성분은 기관지의 분비 기능을 항진시켜 황사 등에 노출된 봄철 기관지 질환 예방에 효능이 높다. 나물로만 먹지 말고 도라지정과나 다른 야채와 믹싱하여 드레싱 소스로도 쓰고, 튀김과 분말 등으로 각종 음식에 다양하게 사용할 수 있다.

14. 간단한 무장아찌김밥샌드위치

재료 | 현미찹쌀+잡곡밥, 김, 무장아찌, 유
자청, 참기름.

만들기 | 1.정사각형의 네모난 틀에 김을
깔고, 위에 밥을 고르게 펴서 꼭꼭 눌러준
다음 대각선으로 잘라 두 겹을 만든다. 2.
한쪽 밥 위에 얇게 저민 무장아찌를 올려
놓고 참기름과 유자청을 발라준 다음 나
머지 한쪽을 포개 다시 꼭 눌러주고, 김
표면에 참기름을 발라준다.

* 무 외에 집에 있는 다른 장아찌와 매실청 등을 사용해
도 된다. 이런 방법으로 급한 나들이 때도 간단하게 도시락을 준비를 할 수 있다.

오이무침 | 오이를 얇게 썰어 고춧가루와 참기름, 유자청, 죽염, 통깨를 넣고 가볍게 버
무린다. 설탕보다 유자청을 이용해서 단맛을 내면 색다른 오이무침이 된다.

취나물무침 | 취나물을 줄기가 익도록 데쳐 찬물에 헹구어 물기를 없앤 다음 참기름, 집
간장, 소금 적당량을 넣고 무친다. 만들어놓은 조림간장을 써도 되지만 나물은 집간장
으로 무쳐야 향도 살고 뒷맛도 깔끔하다.

*입맛이 없을 때 어린 취나물 잎으로 쌈을 싸먹어도 입맛이 돈다.

15. 노란 튀김옷을 입은 봄나물잡채김말이튀김

••• 잡채의 쫄깃거림과 봄나물 향기, 현미초밥의 새콤달콤한 맛이 어우러져 구미를 돋워줌. 머위나물무침, 우엉장아찌를 곁들여 영양의 균형을 잡는 것이 좋음.

재료 | 냉이, 미나리, 취나물과 기타 잡채 재료, 현미초밥, 우리밀가루, 죽염, 치자물, 포도씨기름.

만들기 | 1. 냉이, 미나리, 취나물을 데쳐 일반적인 방법으로 잡채를 만든다. 2. 김발에 김을 깔고 초밥을 조금 얹고 속에 산야초잡채를 가지런히 얹어 너무 굵지 않게 김밥을 만다. 3. 우리밀가루에 치자물과 죽염을 넣고 묽은 튀김옷을 만든다. 4. 김밥을 먹기 좋은 크기로 잘라 튀김옷을 입혀 포도씨기름에 튀겨낸다.

* 속 재료를 이미 익힌 것이므로 오래 튀기지 않아야 나물 향이 살아 있다. 한약재료상에서 쉽게 구할 수 있는 치자를 상비해놓고 부침이나 튀김 등 음식에 자연의 색을 활용하는 것도 요리의 지혜다.

머위나물 | 어린 머위 잎을 줄기째 죽염물에 데쳐 쓴맛을 없앤 다음, 들깨가루와 들기름, 집간장, 다진 청홍고추를 넣고 조물조물 무친다.

* 머위는 봄 산기슭에 비교적 일찍 돋아나는 산나물로 맛이 몹시 쓰지만, 어린잎은 쓴맛도 덜하고 독특한 향이 구미를 돋워 절집에서는 즐겨 먹는 식재료이다. 위장에 좋은 약성이 많으므로 입맛이 떨어지는 봄철에 보약 같은 먹거리이다.

김

해조류 중에서 유일하게 비타민 B12가 들어 있어 악성 빈혈을 방지해준다. 특히 고혈압에 좋은데 알긴산이라는 성분이 콜레스테롤의 흡수를 방해하여 모세혈관벽을 보호하고 높아진 혈압을 내려주는 역할을 하기 때문이다. 또한 비타민, 무기질, 섬유질이 풍부하여 만복감을 주면서도 열량이 낮아 다이어트 음식으로도 적합하다.

16. 쉽게 만드는 검은콩표고부침버거

••• 서양의 햄버거를 응용, 국산 식재료로 영양과 맛을 조화시켜 만든 채식 버거. 딸기 주스와 각종 생과일을 곁들이면 손색없는 영양 식단.

빵 재료 | 백밀가루, 통밀가루, 밀배아가루(글루텐), 연유, 이스트, 죽염.

빵 만들기 | 1.체에 내린 밀가루에 재료들을 혼합, 1차 반죽을 하여 뚜껑 있는 스텐그릇에 넣고 보온밥통 안에서 숙성시킨다. 2. 40분 뒤 꺼내어 2차 반죽을 한 다음 빵 모양을 만들어 팬에 올려놓고 마르지 않게 비닐 등을 씌워 다시 30분 정도 더 숙성시킨다. 3.충분히 부풀어 올랐다 싶으면 오븐에서 30분간 구워낸다.

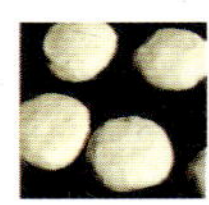 

콩부침 | 불린 검은콩을 곱게 믹싱하여 통밀가루, 다진 표고, 다진 두부, 다진 청홍고추, 유자청을 넣어 고루 섞고 죽염으로 간을 한 다음, 빵 크기에 맞춰 동그랗게 빚는다. 팬에 포도씨기름을 두르고 중불에 지져낸다.

전체 만들기 | 끝부분만 남기고 빵을 절개, 먼저 콩부침을 끼우고 양배추와 토마토, 오이를 적당한 크기로 잘라 끼운 다음 케첩과 삼동초 잎으로 마무리한다.

17. 소화가 잘되는 쑥연근그라탕

••• 사찰 음식의 대표격인 쑥과 연근을 서양 요리인 그라탕에 응용한 어른 아이 모두 즐길 수 있는 퓨전 별식. 알타리김치와 생과일을 곁들여 입맛을 맞춤.

재료 | 쑥, 연근, 참마, 두부, 생표고, 홍고추, 죽염, 참기름, 흰깨, 검은깨.

만들기 | 1. 연근은 깨끗이 씻어 껍질을 깎아내고 채칼에 간다. 2. 쑥은 흐르는 물에 두어 번 헹구어 물기를 털어내고 잘게 썬다. 3. 표고는 흐르는 물에 살짝 헹구어 잘게 썬다. 4. 두부는 끓는 물에 삶아 물기를 빼고 으깬다. 5. 재료들을 고루 섞어 도자기 냄비에 넣고 참기름과 죽염으로 간을 맞추어 재료들을 꼭꼭 눌러준다. 6. 참마를 깨끗이 씻어 껍질을 벗겨 채칼에 갈아 5 위에 끼얹고, 다진 홍고추와 흰깨, 검은깨로 고명을 얹어 전자레인지에서 10~12분 정도 익힌다.

* 쑥연근그라탕은 연근의 단맛 때문에 쑥의 씁쓰름한 맛이 느껴지지 않아 아이들 입맛에 맞는 음식이다. 쑥은 계절일 때 한꺼번에 많이 삶아서 한 번에 먹을 양만큼씩 나눠 냉동실에 보관해두면 좋다. 그러면 계절에 상관없이 언제든지 쑥의 향긋한 향을 즐길 수 있다. 또 몸을 따뜻하게 해주고 소화를 돕기 때문에 여자들은 쑥을 여러 야채와 함께 즙을 내어 마셔도 건강을 유지하는 비결이다.

* 연근 대신 감자를 써도 되고, 쑥 대신 냉이나 다른 야채를 써도 좋다. 마는 다른 재료의 준비가 끝난 다음 바로 갈아서 얹어야 색이 깨끗하다.

연근과 마

연근은 무기질, 비타민C, 리놀레산 식이섬유 등이 풍부해 뼈의 생성 및 소화를 촉진시킨다. 또 독소를 없애주는 역할을 하기 때문에 흡연자의 해독에도 좋다.

마는 특히 신경 과민이나 우울증 환자에게 좋은데, 열을 내리고 마음을 안정시켜주는 진정 효과가 있기 때문이다. 고혈압, 중풍, 심장병, 당뇨, 비만 등에도 좋다.

18. 녹차, 치자, 당근즙으로 색을 낸 삼색두부샌드위치

··· 두부전을 응용한 퓨전샌드위치. 묵은 김치와 두부는 음식 궁합이 잘 맞는 식품군으로, 여기에 느타리김치
볶음과 과일을 곁들이면 맛과 영양이 잘 조화되는 식단이 됨.

재료 | 묵은 김치, 두부, 청홍고추, 당근, 오이, 양배추, 느타리버섯, 우리밀가루, 치자물, 가루녹차, 당근즙, 죽염, 참기름, 올리브유, 포도씨기름.

만들기 | 1.두부 한 모를 1센티미터 두께로 온전하게 썬 뒤 대각선으로 2등분하여 죽염으로 간을 해둔다. 2.우리밀가루에 가루녹차, 치자물, 당근즙으로 각각 묽은 튀김옷을 만들어 죽염 간을 해둔다. 3.묵은 김치는 물기를 꼭 짜서 쫑쫑 썰고, 야채도 모두 다

져넣은 뒤 두부를 으깨넣고 참기름으로 양념하여 고루 무친다. 4.팬에 올리브유를 두르고 3을 볶는다. 5.두부의 물기를 없앤 후 두 장 사이에 3을 잘 눌러넣고 2의 튀김옷을 색깔별로 입힌다. 6.포도씨기름이 끓으면 5를 하나씩 튀겨낸다.

느타리김치볶음 | 김치를 잘게 썰어 참기름에 볶다가 김치가 익으면 씻어둔 느타리를 가늘게 찢어 넣고 살짝 볶는다. 고소하게 통깨를 뿌려 마무리한다.

치자

한방에서 주로 불면증과 황달의 치료에 쓰이는 치자는 소염과 지혈 및 이뇨의 효과가 있다. 옛날에는 군량미의 변질을 방지하기 위해 치자물에 담갔다가 쪄서 저장했다고 한다.

19. 김자반에 싸먹는 버섯모듬밥

••• 은행구이꼬치와 김자반 외에 우엉조림을 곁들이면 맛과
영양의 궁합도 맞고, 색과 모양 등 시각적 효과도 있음.

재료 | 불린 현미찹쌀, 표고, 느타리, 팽이, 새송
이 등 여러 종류의 버섯, 두부, 당근.

만들기 | 1.먼저 밥을 안쳐놓고, 버섯들을 적당한
크기로 썬다. 2.밥이 끓기 시작하면 뒤적거린 후
버섯들을 얹고 당근채로 고명을 하여 익힌다. 3.
뜸이 들기 전 물기를 짠 두부 한줌을 다져 밥 위에 뿌려준다. 4.뜸이 들면 고루 섞어 김
자반에 싸서 먹는다.

*집에서는 밥이 따뜻할 때 양념장에 비벼 먹으면 별미다. 다른 버섯류와 야채들도 밥에 곁들여 지으면 아이들에게 결핍
될 수 있는 영양 균형을 거뜬히 맞출 수 있다.

김자반 | 다시마+표고버섯+집간장을 끓인 맛물에 고추장, 참기름, 쌀조청, 통깨, 잣가루
를 넣고 양념장을 만든다. 김을 4등분하여 한 장씩 양념장을 발라준다.

*사찰 음식에서 다시마는 감초처럼 빠지지 않고 들어가는 재료이다. 혈압이 높은 사람은 두껍고 질 좋은 다시마를 잘게
썰어 컵에 넣고 찬물을 부어놓았다가 마셔보라. 혈압이 내려간다고 한다.

버섯

항암 효과와 콜레스테롤 감소 효과가 뛰어난 버섯은 최고의 건강 식품이다. 그래서 사찰에서는 영양 높은
식재료로서 버섯을 이용한 요리가 많은데, 새송이 장조림, 표고탕수, 양송이 죽순 샐러드, 버섯 파프리카 잡
채 등 여러 가지로 응용한다. 새송이버섯은 식이섬유가 많이 들어 있어 심장병, 대장암, 당뇨병, 담석증 등의
질병에 좋다. 표고버섯은 정신을 맑게 해주고 소화 기관을 튼튼하게 해줘서 식욕 부진, 소화 불량, 피로 회복
에 좋다. 송이버섯은 위와 장의 기능을 도와주고 기운의 순환을 촉진해서 손발이 저리거나 허리와 무릎이
시릴 때 좋다. 이래서 중국에서는 예로부터 불로장생의 영약으로 손꼽아왔다.

20. 아보카도에 찍어 먹는 고구마경단구이

••• 달콤한 고구마의 영양 만점 변신. 고소한 두부를 표고전과 과일버터라 불리는 아보카도를 곁들여 맛의 조화를 맞춤.

재료 | 고구마, 두부, 표고, 청홍고추, 당근, 아보카도, 죽염, 참기름.

만들기 | 1.고구마는 찜솥에 넣고 물기 없게 쪄서 으깬다. 2.두부는 삶아서 물기를 짜내고 죽염과 참기름 간을 해서 으깬다. 3.청홍고추는 씨를 없애고 곱게 다진다. 4.당근과 표고 일부만 다져서 살짝 볶는다. 5.재료를 모두 섞고 반죽하여 일부는 경단을 만들고, 일부는 남겨둔 표고버섯에 채워넣는다. 6.경단은 기름 없는 팬에 굴려가며 노릇하게 굽는다. 7.아보카도를 곁들여 찍어 먹으면 맛이 새롭다.

*열대 과일인 아보카도는 지방, 단백질, 미네랄, 비타민이 풍부해 과일버터라고 불린다. 과육을 빵에 찍어먹거나 샐러드에 자주 응용, 특유의 향을 입맛에 길들여놓을 필요가 있다.

표고전 | 생표고버섯을 흐르는 물에 가볍게 씻어낸 다음 부서지지 않게 마른행주로 물기를 닦아낸다. 그런 다음 죽염, 후추, 참기름으로 간을 맞추고 남겨둔 속 재료를 채워넣는다. 찹쌀가루에다 전분, 우리밀을 넣어 섞은 후 집간장으로 간을 해서 묽게 찹쌀풀을 만든다. 이 풀에 표고를 하나씩 적시며 올리브유에 지져낸다.

*보통 표고버섯 밑동은 버리는데 여러모로 쓸모가 많기 때문에 모아서 말려두면 좋다. 만두를 빚을 때 밑동을 불렸다가 분쇄기에 갈아 호박, 배추 다진 것과 함께 소를 만들어넣으면 담백하고 깔끔한 맛이 난다. 그밖에 된장찌개를 끓일 때 넣어도 좋고, 밑동을 자잘하게 찢어 조림을 만들어 먹어도 좋다.

사찰 음식 조리법을 응용한 건강 밥상

몇 년 전부터 나는 지리산 금수암에서 아토피환자를 위한 단식 프로그램을 진행해 오고 있다. 절집에 사는 수행인으로 사찰 음식을 연구하기 위해 연구실을 겸한 식당채를 따로 마련했던 것인데, 아토피가 우리 식생활과 직결된 증상임을 알고 자연스럽게 아토피 프로그램까지 병행하게 되었던 것이다.

알다시피 아토피는 현대 의학계가 명확한 규명을 내놓지 못하고 있는 난치병 중의 하나다. 그러면서도 환자는 점점 늘어가는 추세이고, 최근엔 어린이들뿐 아니라 성인인 직장 남성들까지 갑작스런 아토피 증세로 고통을 호소하고 있다.

금수암의 아토피 프로그램에도 점점 성인 환자들이 늘어나고 있다. 프로그램에 참여한 한 여대생은 강남에 사는데 집 앞에 대단위 아파트단지가 조성되면서 아토피가 시작되었다고 한다. 그녀의 어머니는 딸이 학교를 다닐 수 없을 정도로 다급해진 상태에서 무작정 딸을 데리고 이곳으로 달려왔다. 그 학생은 심한 가려움증으로 인한 불면증과 대인기피증 등 깊은 정신질환까지 앓고 있었다. 이렇게 아토피는 단순한 피부병 이상의, 현대인의 생활 자체를 위협하는 무서운 질병이다.

아토피에 있어 단식은 필수 조건이다. 아토피는 주로 몸 안의 열성이 통로를 찾지 못해 피부로 밀려나오는 증상이기 때문이다. 열성으로 인해 살갗이 건조해지면 그 부위가 저절로 터져 진물과 피가 나오고, 그러한 상태에서 집안의 유해 세균들이 침입하여 고름주머니를 만드는 악순환이 거듭되는 것이다. 그러므로 몸 안의 열성을 줄이는 것이 아토피에서는 급선무다. 그래서 아토피를 치료하려면 기본적으로 단식을 해서 체질을 개선해야 하고, 음식과 생활 환경 등도 바꿔줘야 한다.

나는 바른 먹거리로서 우리 땅의 산야초를 연구하다 우연히 한 약초의 즙액이 아토피 치료에 효능을 보인다는 것을 알게 되었다. 실제로 아토피 환부에 발라주면 여러 번 각질이 떨어져나간 후에 정상적인 피부로 재생된다. 하지만 바르는 약이 아무리 효과가 있어도 몸 안의 열성을 다스리지 않는 한 가려움증은 해소되지 않는다. 그러므로 태열까지 다스리기 위해서는 단식은 꼭 필요한 처방이다.

금수암 아토피 프로그램은 단식 전에 청정한 산야초로 만든 절밥으로 예비식을 닷새 정도 한 후 본격적인 단식에 들어간다. 약초 즙액 바르기와 전후 예비식, 단식, 이러한 과정으로 21일 정도 프로그램을 진행하고 나면 대부분의 환자들은 아토피 증상이 점점 사라지고 피부도 정상으로 돌아온다. 하지만 대도시에 있는 집으로 돌아가면 아토피 증상은 없지만 알레르기 증상은 나타난다. 완치하기 위해서는 많은 시간이 걸린다.

내가 겪어본 바로는 대부분 오염된 환경이 아토피를 만드는 것 같다. 음식에서의 문제도 다양하게 표출되고 있는데, 특히 요즘 들어서는 외식을 즐겨하는 직장 남성들 중에 아토피 환자들이 늘어나고 있는 것을 볼 수 있다.

아토피는 단순히 먹는 음식을 바꾸는 것만으로도 호전시킬 수 있다. 자연 채식이나 절밥 수준으로 식단을 바꾸면 금방 가려움이 줄어들고, 적어도 고름주머니는 만들지 않는다. 거기에 약초 즙액을 발라주면 하루 만에 진물이 멎으면서 상처가 아물고, 각질도 떨어져나간다. 이런 과정만으로 하루가 다르게 개선되는 피부를 보면 나도 놀랄 정도이다. 지난해 모방송국에서 초파일 특집 다큐멘터리로 〈절밥〉을 방영한 이후 금수암은 아토피 환자들이 특히 많이 찾아온다. 청정한 우리 산야초로 조리하는 사찰 음식을 배우고, 단식으로 아토피에서 벗어나는 것을 체험한 참가자들은 이구동성으로 절밥의 우수성을 찬탄한다.

절밥에 첨가물은 전혀 필요치 않다. 절집의 장은 간과 맛을 맞추기에 안성맞춤이고, 스님들이 상식하는 각종 산야초는 생체 에너지의 리듬을 생기 있게 유지시켜 준다. 우리 땅에서 좋은 기운 먹고 자라는 제철 산야초가 우리 몸에 필요한 영양소와 약성을 모두 지니고 있기 때문이다.

오래 사는 것이 목적이 될 수 있지만, 건강하지 못하고 의약품과 병원에 의존하면서 힘겹게 오래 사는 것이 무슨 의미가 있겠는가? 우리는 모두 건강한 삶을 꿈꾼다. 그래서 좋은 음식과 적당한 운동과 편안한 휴식으로 열심히 건강을 단련하고 있다. 하지만 그것으로는 부족하다. 반듯한 식재료가 선행되어야 한다.

사찰 음식 조리법을 응용한 퓨전 채식 도시락은 이러한 나의 구상에서 비롯되었다.

방부제와 조미료 등 특히 성장기의 아이들에게 유해한 화학첨가물이 많이 들어 있는 햄과 소시지와 단무지와 어묵, 이것으로 만드는 일률적인 김밥은 이제 그만 소풍 도시락에서 뺄 때가 되었다고 본다. 돈과 노력을 들여 유해한 음식을 만들어 먹는 어리석음에서 이제는 벗어날 때가 된 것이다.

왜 꼭 소풍에는 김밥만 있다고 생각하고, 그나마 바쁘다는 핑계로 주문 김밥으로 떼우고 있는지… 조금만 생각을 바꾸면 냉장고에 묵혀둔 식재료만으로도 충분히 색다른 별미 도시락을 만들 수 있는데도 말이다.

이러한 견지에서 나는 조금 색다른 도시락을 만들어보았다. 소풍 도시락에 각종 산야초와 구근류, 그리고 장아찌류 등 아이들에게 조금 낯선 식재료들도 과감하게 응용을 했다. 대신 부재료와 모양 등을 조금 재미있게 꾸며보려고 애썼다.

도시락에 사용한 식재료들은 모두가 우리 몸에 필요한 영양소와 약성을 고루 지녔으면서 또한 우리 식생활에서 쉽게 구할 수 있는 자연 먹거리들이다. 우리 엄마들이 조금의 정성과 센스를 발휘한다면 얼마든지 일반 가정에서 응용이 가능할 만큼 조리법도 간략화시켰다. 그래서 식재료와 조리법 모두 동서양 구분을 없애고, 승과 속의 구분도 없는 퓨전으로 했다. 모처럼의 나들이, 아름다운 정경 속에 자리를 펴고 식구끼리 오순도순 둘러앉아 펼쳐볼 멋진 도시락 파티를 상상하면서 솜씨껏 실력을 발휘해보자. 하지만 무엇보다도 아이들에게 좋은 식재료를 인식시키는 것이 엄마들이 더 유념해야 할 부분이다. 아이 때부터 좋은 식재료에 대한 입맛을 들여놓는 것은 평생의 건강을 위해 정말 중요한 일이다. 맛있는 것에 힘을 주기보다 건강하고 신선한 식재료의 선택이 절실하게 요구되는 이 시대, 우리 엄마들의 과감한 인식 전환이 무엇보다도 시급하다.

••• 대안 스님(사찰 음식 연구가)
산야초식으로 몸의 질병이 치유되는 체험을 하고 난 뒤, 바른 음식 공부를 수행의 방편으로 삼고 있다. 2004년 그간의 체험과 공부를 정리한 책 《마음의 살까지 빼주는 사찰 음식 다이어트》를 펴냈다. 현재는 금당사찰음식연구소에서 건강한 우리 밥상에 대한 연구를 하면서, 사찰 음식을 통한 아토피수행프로그램을 운영하고 있다.